JN274965

The 1st Step Guidance

ファーストステップ心理的援助

子どものプレイセラピーから思春期の面接まで

李 敏子 [著]
Lee Minja

創元社

序　文

中井　久夫

　赤ん坊が世界を認識して行くときに二つの仕方があるという。そのほうの専門家によれば、一つは動物と共通の事実マップである。ここを潜ったら何があるというマップである。これも重要であるが、もう一つは因果マップである。こうすればこうなるという体験の集大成である。このために言語が発達したという。

　たしかに言語には因果関係の表現に裏打ちされていることを感じることがある。それは、心理学の何派というのと別であるように思う。

　しいていえば、臨床心理学には事実マップ派と因果マップ派というものがあって、これはフロイト派だからどう、ユング派だからというものと少し違うように思う。そして、その土台には、赤ん坊と同じく、共通に雰囲気への感受性、欲求への感受性があると思う。

　さらに、李先生が親近感を覚えておられる「折衷派」というものは、事実派と因果派との好ましい釣り合いと、そして共通の土台の感受性との三本柱の上に立っているものであると私は思う。

　この本の文章には、あるみずみずしさと安心感とがある。それは、この三つの間のバランスのおかげに違いない。

そして、先生が引用される人たちにはある共通性がある。九割は私はよく存じあげている人々で、さまざまではあるが、私が「わが党の士」とでもいうべき親近感を持っている人々である。
　先生の引用はほとんどが好意的引用である。とすれば、先生からみて私も「わが党の士」に入るらしく、私も先生をそう感じている。先生が「わが党の士」と感じられている人々は、臨床心理士で医師と共同作業をした人、医師で臨床心理士と親しい人が多い。私も、後の日大の細木照敏教授に親しく精神医学・心理学の手解きをしていただいた。私は箱庭をし、絵画をやり、ケースを語り、ロールシャッハを手解きしてもらい、いろいろなアイデアを聴いてもらった。そういうクロスオーヴァーの体験があった。
　最初の部分ほど引用が多い。先生は引用のかげでいたずらっぽい眼でこっちを見てられるようである。そして、ページを追うにつれて次第に先生のものの見方、扱い方がじわーっと感じられてくる。先生はなにごとにも、ご自分の意見をしっかり持ってらっしゃる方である。本書の終わりのほうに出てくるように、子どもはいち早く見抜いて先生を面白い人という。先生は子どもの観察の対象となって、おおよそ退屈させない方なのだ。
　実際、本書は読みやすく、私は校正刷りを一気に読み終えて、ぐっすり眠った。快い目覚めの中でこれを書いている。
　先生の臨床の日々が見えてくる。この本は先生の臨床体験の丹念な手芸品である。レース編みだろうか。文章のさらりとした味は先生のお人柄である。私はこの繊細な手芸品が世に送り出されることを喜んで、拙い序文をしたためる。

まえがき

　本書は、大学院で初心の学生に教えることを念頭において、心理的援助の具体的方法について書いてきた論文を、大幅に加筆修正して一冊にまとめたものである。

　臨床心理士養成のために大学院生の教育に携わるようになってから、基礎教育のあり方について考えてきた。心理療法には多くの学派があり、学派による治療観・治療法の違いが大きく存在する。そのようななかで、私自身の臨床経験に基づいて、クライエントにとって有効と思われる援助法を、大学院生にどのように伝えるかに常に苦心してきた。

　まだ心理的援助についてよくわかっておらず、本から得た知識をいっぱい詰め込んで実践に応用しようとする大学院生に、心理的援助の方法について説得力をもって教えるためには、私自身の考えを客観化し明確にする必要があった。

　不安な初学者が教条主義に陥る姿を見て、心理的援助についてどのように教えるのがいいか、考えさせられることが多かった。大学院生に対しては、有名な著者の考えをうのみにしたり、技法のマニュアルを暗記するのではなく、なぜそのように実践するのがいいのかを、常に自分で考えるように指導してきた。そのさい、クライエントの立場を想像して考えること（想像力）、クライエントの病態を客観的に見立てること（客観性）、クライエントをとりまく全体の状況を総合的に見ること（視野の広さ）、そして何よりもクライエントへの援助効果という観点から考えること（成果の検証）を、基本として重視してきた。その上で、さまざまな考え方や方法のな

かから、主体的に選ぶように指導してきた。

　専門家を育てるためには、主体的に考える訓練をすることが重要である。そのような経験の積み重ねによって、ただ先人の考えに無批判に従うのではなく、その人らしさを生かした実践のできる臨床家を育てていくことができるのだと思う。

　臨床の実践においては、予想もしないことが起こりうるのだから、決まりきったマニュアルで表面的に対応するだけではうまくいかないことが多い。重要なのは、臨機応変に、広い視野で考え判断することであろう。その時に、上述したような援助者としての基本的態度が重要になると思われる。

　近年では倫理についても、規定の根本的な趣旨や目的を考えることなく、形式的に遵守するという風潮が見られるように思う。もちろん、さまざまな原理・原則を知っていることは重要であるが、倫理はそれを無批判に守ることにあるのではなく、さまざまな条件で、そのつど人間性をかけて主体的に考え判断することにあると思われる。臨床場面では、援助効果からみた必要性や現場の要請に応じて、ルールに対してどのような態度をとるかについて、判断を求められることが多いのではないだろうか。したがって、どのような場面でも、主体的に考えることのできる専門家を育てることが大切であろう。

　また、初心者だけでなく、あるていど経験を積んだ臨床心理士へのスーパーヴィジョンにおいても、どうしてこのような考え（誤った思い込み）をずっと持ち続けてきたのだろうかと、疑問に感じることがあった。それは、その人自身が大学院で教えられたことを、ただ守らねばならないルールなのだとして、批判的に検討することもなく受け入れてきたからであった。このような事態が生じていることには、教える側の姿勢も問われているのではないだろうか。

　私は、自分の考えをわかりやすく伝えるために理論的に明確にしようと努力すると同時に、大学に付設されている臨床心理相談室で臨床実践を重ね、実践を通じて大学院生に教えることを心がけてきた。心理的援助は実践である以上、理論だけでは教えることができないからである。

今までこのような考えに基づいて指導してきたが、かつて指導した人たちから、実際の臨床場面で役立ったと言われることが少なからずあった。そのことが、本書を上梓する動機となった。

　私自身、実践において困難や問題を感じるたびに、特定の学派に偏らず、事柄そのものについて、さまざまな臨床家の論文や著書を読んで考えてきた。この本が、心理臨床に携わる人が自らの実践について考えるために、少しでも参考になれば幸いに思う。

もくじ

序　文　（中井久夫）

まえがき

序　章 —— 心理的援助のありかた　1

心理療法とは何か　　専門性が人間性のなかに自然に溶け込んでいるようなありかた　　非日常性と日常性、内界と外界のバランスをとる

Chapter 1
初回面接 —— なにを聴き、なにを伝えるか　19

初回面接とは何か　　見立ては仮説である　　なにを聴き、なにを伝えるか　　治療目標・治療契約―インフォームドコンセントをどう考えるか　　守秘義務について

Chapter 2
心理療法の枠組み —— いかに続けていくか　45

枠組みはどのような意味をもつのか　　枠組みをどのように設定するか（場所　時間と頻度　料金）

Chapter 3
遊戯療法の実際 —— 子どもとのあいだでの具体的問題　61

遊戯療法において実際に問題になること（服装や髪型など　あいさつと自己紹介　どのように導入するか　制限を、いつ、どのように伝えるか　時間と場所　来談理由をきくべきか　玩具・本・作品などの持ち込みと持ち帰りについて　後片づけをさせるべきか　贈り物にどう対応するか）

Chapter 4
親面接の実際 ── どのような問題が生じるか 77

どのような面接の形態があるか（親だけが来談する　子どもだけが来談する　親子並行面接　親子合同面接）　　母親面接をどのように考えて進めていけばよいか　　別セラピストによる親子並行面接において生じる問題　　同一セラピストによる親子面接において生じる問題　　父親が来談するとき

Chapter 5
問題行動を示す子ども ── かれらをどう理解し援助するか 97

問題行動をどのように理解するか　　発達障害とは（精神遅滞　広汎性発達障害　注意欠陥多動性障害　学習障害）　　愛着の障害をもつ子ども　　援助に際しての工夫（子どもの症状をまずはそのまま受け入れ症状による苦痛を緩和する　発達障害児に対しては障害特性を理解して関わり得意な点を生かし弱い点を補う　子どもは環境の影響を受けやすいので環境への働きかけが重要である　問題行動に対しては早期に発見して援助を始めることが重要である　支援においてはささいな良変化も見逃さず根気よく関わる　先のことを心配するよりも今できる最善のことを積み重ねていく）

Chapter 6
思春期のクライエント ── 心理的援助における工夫 113

思春期のクライエントに対する工夫　　病理を過大視しない　　直接的アプローチにこだわらない　　問題の言語化にこだわらない　　言葉の表面にとらわれない　　会話をはずませる　　個人的な質問に対して　　悩みを解決する方法は多様である　　試行錯誤を尊重する　　理想と現実のギャップに対して　　メールや電話の併用　　援助者が多面性をもつこと

Chapter 7
不登校児への理解と援助 —— 心の問題にどう向きあうか 125

不登校のタイプによる対応の工夫　治療を必要とする不登校　心理的援助のありかた　不登校の予後

Chapter 8
不登校の長期化を防ぐために —— 社会性の発達という観点から 143

不登校の発現と長期化における社会的要因　不登校の発現と長期化における子どもと家庭の要因　不登校の長期化を防ぐために　予防的観点から

Chapter 9
事例研究の再検討 —— 心理的援助を支える「知」のありかた 155

事例研究と事例報告・事例検討の区別　科学の知と臨床の知　援助者であることと研究者であることの葛藤　今後の事例研究のあり方

あ と が き

初 出 一 覧

装丁　上野かおる

ファーストステップ心理的援助

子どものプレイセラピーから思春期の面接まで

序　章

―― 心理的援助のありかた ――

心理療法とは何か

　心理療法にはさまざまな学派があり、それらが共存している。そのため、異なる学派間で「どちらが正しいか」あるいは「どちらが有効か」という論争が繰り返されてきた。いまでも学会などでコメントを聞くと、学派による治療観と治療法の差異が埋め難く存在し、同じ事例に対して見解が異なるために感情的に対立することが少なくない。

　初心者が大学院で指導を受けるときにも、教員によってまったく異なる立場から指導がなされ、対立する見解のなかで学生が混乱している姿を見かけることがある。

　成瀬〔2003〕は、日本の心理臨床のありかたについて、臨床経験のなかから生まれた学派や理論が「十分な検討を経ないまま、また心理現象に特有の陥穽に嵌り込みながら修正もできずに今なお生き長らえているのは、むしろ心理臨床家の批判力、方法論の弱さといってよい」と指摘している。下山〔2003〕も、日本の臨床心理学において心理力動派が果たした貢献の大きさを認めながら、社会のシステムの変化に応じて「学問の社会化」という課題があり、学派を離れて臨床心理学全体の構造を構築することの必要性を主張している。

　しかし、ある学派の立場にある人は、その理論や技法を絶対的に正しいと信奉していて、他の立場を受けつけないように見えることが多い。なぜそのような事態が生じるのかといえば、「治療の理論には治療者の人間としての在り方が何らかの意味でかかわってくる」〔河合, 1986〕からであろう。その学派を選ぶことには、治療者の人間性がかかわっているのである。

　滝川〔1998〕は、精神療法の多様性はその背景にある人間観や価値観が多様であるために当然であると認めている。しかし、「治療理念と方法論を――ひいては、その背後にある人間観や価値観を――共有する者どうしで一種の『党派性』を形成しがちな点」を問題点

としてあげている。そして「党派性は視野狭窄と硬直化を生みやすい。この党派性からできるだけ自由になるには、どの流派も、精神療法全体の中における各流派・各技法の（その背景をなす人間観・価値観の）相互的な位置関係と、自身の流派の布置とを自覚的にとらえている必要がある。自己相対化と言おうか。これはやはり、みずからの治療理論や技法の内側へではなく、むしろ、その外側へと視界を広げる努力を意味している」と述べている。

　ある学派の理論のなかでのみ過ごしていると、その理論があまりにも当然のことになってしまい、批判的に吟味するという問題意識さえもてなくなってしまう。したがって、たとえば異文化間コミュニケーションにおいて必要とされるように、異文化に接して、自己の立場を外側から見ること、また、異なる立場の人に対して自分の立場を冷静に客観的に説明できることが、「対話」のために必要となるだろう。これらの条件が欠けていると、「対話」そのものが難しくなる。

　このような自己相対化の姿勢が欠けていると、初心者を訓練する際にも、自分の見解を絶対的なものとして教え込み従わせるというかたちになりやすい。その結果、学生が不安にかられて教条的になり、よく考えることもなく、ある特定の考えに従うという事態が生じる。このことは、臨床においても研究においても発展を妨げる要因になると思われる。

　私は、学生を指導するときに、あらゆる事柄について対立する考え方があること、それらの良い点／悪い点について治療効果の観点から考えること、そのうえで主体的に自分の方法を選ぶことを勧めてきた。「〜すべき」と有名な臨床家の本に書かれていたとしても、それを絶対的なルールとして無条件に従うのではなく、「なぜ、そうするのがよいのか」を自分で考えるようにと指導してきた。私が良いと思う方法を教えるときには、必ず治療上の根拠を示すように心がけてきた。セラピストにとって必要なのは、**援助効果の観点から自分で考え工夫するという主体的な判断**であると思っている。

　ところで、心理療法の効果において、学派間の差はどのような影響を及ぼしているのだろうか。

効果研究の結果を見ると、学派間の効果の差は見られず、クライエントと関係する「治療外要因」（障害の重篤度、人格特性、ソーシャルネットワークなど）が最も大きく影響し、次いで「治療関係」となっている〔Asay & Lambert, 1999〕。心理療法の成否は、全治療者に共通の要因によることが実証されている。それは、「支持」「共感的理解」「積極的関心」「純粋性」「クライエントと情緒的絆を築く能力」である〔Miller, Duncan & Hubble, 1997〕。このように、心理療法の効果においては、技法よりも、クライエント中心療法の創始者であるロジャーズが重視した治療者の態度が重要であることがわかる。

このことから、**臨床家としての基礎訓練において、もっとも重要なのは態度であると言える。態度が誤っていれば、どんなにすぐれた技法を身につけたとしても、誤った用い方をする危険がある。**

実際に、臨床家はどのように対応しているのだろうか？

日本臨床心理士会〔2006〕による全国規模の調査で、さまざまな面接技法についてそれを用いているかどうかを尋ねたところ、「折衷的アプローチ」は用いている人が73.7％と最も多く、次いで「人間性心理学的アプローチ」〔51.3％〕、「精神分析的・分析心理学的アプローチ」〔42.4％〕の順であった。折衷的アプローチを用いている人が最も多いのは、ある意味で当然とも言え、臨床の現場においては、クライエントにとっての必要性に応じてさまざまな技法を柔軟に用いているのが、多くの臨床家の姿であることがわかる。

中井〔2000〕は、「すべてのすぐれた精神科医は折衷主義者である」（加藤正明）、「アメリカ精神医学の最良の伝統は折衷主義である」（サリヴァン）という発言を引き、「単色の理論、単色の接近法の危険」を指摘している。

河合〔1986〕によれば、心理療法は十九世紀終わり頃から発展してきたが、その根を宗教・教育・医学の分野に見出すことができるという。また、意識のスペクトルにおいて、上方の意識レベルに限定すると科学的アプローチが可能になるが、下方に至るほど宗教性が強くなる。各学派の理論や技法は、ある特定の意識のレベルの問題について特に有効性をもち、心理療法に携わる人は、自分にできる

こととできないことを知っていることが必要だと述べている。

　他方、滝川〔1998〕は、精神療法の原型は日常の援助にあると述べている。日常的援助において私たちは、「傾聴」「共感」「励まし」「知識・情報を伝える」「助言・指導する」「ともに行動する」「身近な課題を設定して達成させ自信を回復させる」「異なる観点からの解釈を述べる」など、時と場合に応じて、さまざまな方法を用いている。滝川〔1998〕は、精神療法は「日常の手立てや関わりを、より抽象化（純化・人工化）したわざ」にすぎないと述べている。つまり、基底にあるのは日常的な援助であり、抽象性が高まるほど特異的な技法になる。そのため、治療者の意識が基底部へと立ち戻らないと、その精神療法は、シャープに見えてもどこか観念的で、「抽象化された概念や操作のなかに（患者の側の体験は置き去りに）自己完結してしまいかねない」とし、すぐれた治療者は狭義の臨床経験や臨床技術にとどまらない「もっと全体的なもの」を感じさせるという。そして、この全体的なものとは、基底をなす領域の厚みと奥行きであると述べている。ここには専門性だけでなく人間性も深く関わっていると思われる。

　したがって、日常的援助という基底部から遊離して、観念的に突出したような技法ばかりを専門性として学ぶと、クライエントにとって侵襲性が高く、クライエントの現実の体験や生活から遊離したものになりやすく、必ずしもクライエントの利益にならないと考えられる。

　ところで、昨今の心理面接に関する書物には、さまざまな技法やマニュアル的応答が書かれている。技法の多くは、日常的な人間関係に見られる援助からかけ離れた抽象性の高いものであり、マニュアル的応答の多くは、原理原則に基づいている。不安な初学者は、そのような本を読んで、すぐれた臨床家に必要な「全体的なもの」を身につけるかわりに、日常の心理的援助から突出したような技法と、理論から導かれた応答とを無批判に身につけていく。

　問題は、「どのようなクライエントに対して、どのような場合に、どのような技法や応答が有効なのか」という吟味に欠けていること

である。心理的援助はクライエントの利益を第一に考えるべきものであるという当然の前提さえも、なおざりにされているように見える時がある。

　村瀬〔2003〕は「初めに理論や技法ありきで、その技法にクライエントが合わせる、ということは援助期間その他諸々効率からして、そしてクライエントの負担を軽くする上でも再考すべきであろう」とし、「本当は心傷ついたり病む人の数だけ、いや一人のクライエントであっても治療過程の展開につれて、必要とする援助の内容や方法は異なっていく」〔村瀬, 2004〕と述べている。

　心理的援助においては、その時そのクライエントにとって何が必要であるかという個別の状況と、その現場においてどのような働きが要請されているかという社会的要請の両方を考えることが必要である。まわりの人との協力関係のなかで、自分の方法が適切かどうかを常に吟味しながら、臨機応変に進めていくことが重要である。心理臨床家として原理原則主義に陥ると、そこから逸脱することへの不安から、クライエントの現実よりも原理原則にのっとっているかどうかが優先されることになり、結果的にクライエントに不利益をもたらす危険がある。このことは、倫理的観点から考慮すべきであろう。

　最近ではこのようなことへの反動から、逆に、クライエントの最も切実なニーズに応えるという立場で、「ニーズのあることは何でもやる」という傾向も見られるようになった。これは社会的立場を見失った結果であると思う。現実には、心理臨床家がすべきこと、できることは、限られている。また、クライエントが援助者に対して求めることが、常に適切なものであるとは限らない。そこにさまざまな転移や非現実的な願望が混ざることは、治療経験のある人には周知の事実であり、どんなニーズにも応えることがクライエントにとって有益であるとはいえない。現実感覚を取り戻させ断念させることが、重要なときもある。

　援助職の人に対しては、ユングのいう母親元型のイメージが投影されることが多い。これは、「無限の慈愛をもって暖かく包みこみ、

許しと献身を与えてくれる」ようなイメージであり、現実の援助者がこのイメージを体現し続けることは不可能である。安易に要求に応じると、クライエントは退行し、要求がエスカレートしやすい。援助者は、ついに応えきれなくなり、クライエントを重荷に感じ、怒りや嫌悪などの否定的な逆転移感情が生じて、最後には見捨ててしまうことになりかねない。これは、クライエントにとって最悪の結果であろう。援助者は、常に安定し一貫した態度で関わり続けることが望まれる。

　サールズ〔1979〕は「献身的な」治療者について、患者を治さなければならないという幼児的で全能感に基づく罪責感から献身するのであり、無意識においては患者を幼児化した状態にとどめることによって満足を得ているという。また、献身的治療者に見られる自己のなさは、患者への否定的感情に対する防衛であると述べている。現実問題として、援助者は、期待に応えようと献身しすぎると、燃え尽き症候群になる危険もあるだろう。

　援助者は、「クライエントにとって何が必要であるか」の客観的吟味を怠ることがあってはならない。また、自分の職業的立場をわきまえ、**「自分にできること、すべきこと」**を認識する節度が求められる。自分にできる範囲を超えることについては、他の機関・職種に関する情報を伝え、紹介・連携するなどの判断が必要である。

　心理的援助における方法の是非は、それがクライエントに与えた効果によって評価されねばならない。クライエントが「提供された援助を役立つものと評価するかどうか」が決定的に重要である。成果があがらないときには、「みずからの方法が適切であるかどうか」を再検討せねばならない。方法の吟味を行うことは専門職として当然のことであり、実証性が必要とされる。心理学の基礎訓練において実証研究を行うことは、この意味で役立つと思われる。

専門性が人間性のなかに
自然に溶け込んでいるようなありかた

　田嶌〔1995〕によれば、カウンセリングの研修を受けた学校教師が、次から次へと特殊な技法に進むばかりで、現場で役に立つものはあまり教えてもらえなかったと言っていたという。また、スクールカウンセラーのなかには、治療構造すなわち時間と場所の設定を厳密に考えすぎ、病気や障害を治療するという医療モデルにこだわるため、生徒が寄りつかず、不評を買っている臨床家がいると聞く。一方で、経験が浅く理論はあまり知らなくても、面接室を出て自然に生徒たちと関われる若い臨床家の方が、実際には役に立っている。
　育児書をたくさん読んだ母親が必ずしも適切に子どもと関われず、むしろ知識に妨害されて自然な応答ができなくなることがある。教育理論をたくさん学んだ教師が、生徒とうまく関われるわけではない。それと同様のことが、心理的援助においてもいえる。このことは、臨床家が専門的知識や技術を学ぶことの必要性を否定するものではない。専門的知識は的確な見立てと対応をするために必要である。何よりもセラピストに安定をもたらし、そのことが安定した治療的関係の形成と維持に役立つ。
　しかし人と関わる職業においては、専門性だけでなく人間性も大きく影響する。技術や知識においては未熟な初心者が、クライエントへの情熱と愛情によって、経験を積んだセラピストよりも大きな治療成果をあげることは少なくない。このような事実を謙虚に認めねばならないだろう。心理的援助は、クライエントと援助者の人間関係を基礎として行われるところに独自性があり、このような関係は、専門的知識のみによって成立するのではない。専門的知識を暗記しても、人間性についての洞察がなければ、よき専門家になれないだろう。

　土居〔2000〕は「人間性を土台にしないような専門性は意味がない、

では、人間性だけでいいかというと、人間性だけでも困るので、専門性がなければならない。この二つはそういう相補的な関係にある」という。河合〔2002〕も、知識や技術は必要であるがそれのみに走ると「悪しき専門家」になることを指摘し、「心の専門家」としてまず身につけねばならぬことは「クライエントを個人としてあくまで大切にし、クライエントの立場に立ってその生き方を共に探ろうとする姿勢」であると述べている。

　ロジャーズ〔1957〕は「治療的人格変化の必要十分条件」という論文のなかで、治療的人格変化が生じるための六つの条件をあげた後で、それ以外の条件は必要でないと主張している。たとえば次のようなことである。

　　「サイコセラピーは、日常生活のなかに起こる他のすべての人間関係と種類の違う、特別な人間関係であるとも述べられていない」。
　　「特別な、知的・専門的知識──心理学的な、精神医学的な、医学的な、あるいは宗教的な──がセラピストに要求される、ということも述べられていない」。
　　「セラピストがクライエントについて正確な心理学的診断をしていることがサイコセラピーに必要なことだとも述べられていない」。

　諸富〔2003〕はこれについて「ロジャーズ自身は専門的知識も正確な心理診断を行うための技能も持っていた。……専門的知識に頼りすぎたり、心理診断にこだわりすぎたりすることが、かえってクライエントを防衛的にしてしまい、ロジャーズが重視する治療的関係を損なう結果になることがあるのは確かであろう。後者（治療的関係）に比べれば前者（専門的知識や心理診断）はさほど本質的なものとは言えない、ということを、ロジャーズはここで言っているのだと理解しておくのが妥当であろう」と述べている。

　共感においても、専門的知識と情緒的感受性の両方が必要とされる。

　専門的知識としては、クライエントの病理や障害特性、生育史、発達段階、治療過程、転移・逆転移を含む治療関係などに関する理

解が必要である。

　情緒的感受性としては、専門家としての経験だけではなく、セラピストの個人的経験に基づいて理解を深めていることが多いと思われる。個人的経験の限界を認めたうえであるが、実際には、自分に全く類似の経験のないものを理解することは、よほど想像力に恵まれた人以外には難しいだろう。経験の広さは、多様な事態への理解と寛容性をますことに役立つ。しかし、単に経験が広ければよいというわけではなく、肝心なのは経験の深さであり、深い洞察を得るような経験は、他のさまざまな経験と通底すると思われる。

　事例報告を聴くと、セラピストの人間性があらわれている。一つひとつの対応に、セラピストの日頃の特徴が自然に出ているように感じられる。クライエントと関わるとき、一人の人間として、言語的・非言語的コミュニケーションを通じて直接的に感じとられるものは多い。これは、私たちが日頃、人と関わるときと同様である。

　共感性に乏しい、あるいは不安の強い人ほど、特定の理論に頼り、理論というフィルターを通じてしか関われなくなる。すると、ますます共感能力が損なわれるという悪循環におちいる。このような臨床家は、治療過程の現実を細かに見ないで、理論にあてはまるところだけを恣意的に拾い上げ、それと矛盾する部分は無視する。その結果、治療が中断になっても、都合のよい理論的解釈がなされることがある。

　援助者は、自分自身の対応がクライエントにどのような影響を与えているかを、常に吟味することが必要である。鈴木〔2003〕は、心理療法において生じる抵抗や否認などは、クライエントの問題として説明されているが、それらは「受け入れがたいほどつらい状況に追い込まれたときに認められる反応」であり、専門家は「みずからが与えた困難によって生じている心理」であることに気づいていないと指摘している。また、「心理的援助を提供する専門家は、援助に必要だからという理由で、利用者であるクライエントに心理的問題を（心理的問題として）意識することを求める、あるいは、内省や言語化を要求する。援助者が内省や言語化を利用者に要求したが

ために、利用者が困惑したり、利用者の話がいっそう混乱したり迂遠になったりすることもあるのだが、たいていクライエント側の問題として把握されていることが多い。みずからが行っていることがどの程度の負荷にあたるのか、専門家は敏感であるべきはずである」と述べている。

　一度や二度のささいな失敗ならば、クライエントはセラピストを許してくれる。しかしセラピストが「見立て」「枠組みの設定」や「共感的理解」に失敗しているのにそれに気づかず、ずれた対応をし続ければ、クライエントにとって、ストレスや不満がつのり行動化が生じやすくなる。このようなセラピスト側の失敗さえも、クライエントの病理的問題として理論的に正当化できることが、みずからの対応への反省や吟味を妨げ、かえって理論への執着を生じさせることがある。このような態度は、心の専門家としてあるべき姿からもっとも遠いのではないだろうか。

　心理臨床における専門性は、人間性を土台にしており、クライエントとの関係に基づき、クライエントの個別性と援助のさまざまな局面に応じて臨機応変に対応していくところにある。また、心理的援助においては、人間性をかけて対応しなければならないような局面もある。たとえば自殺を考えるクライエントに生きる意味を問われたとき、その答えは、専門的知識のみからは出てこないだろう。

　クライエントから見ると援助者の人間性の自然なありかたから出た言葉や行動に見えるものが、じつは専門的知識や経験によって深く裏打ちされたものであるといった、**専門性が人間性のなかに自然に溶け込んでいる**ようなあり方が理想的であると思われる。このような態度こそが、心理的援助における真の専門家的態度ではないだろうか。「セラピストは熟練するほど素人っぽくなる」と言われるのも、この意味においてであろう。

非日常性と日常性、
内界と外界のバランスをとる

　心の深層を重視する立場からは、長いあいだ、面接場面の非日常性に価値がおかれてきた。面接における禁止や制限事項の根拠としても「面接場面の非日常性」があげられることが多い。しかし、なぜ非日常性が必要なのか、それは常に必要とされるものなのかについては、必ずしも明確に述べられず、暗黙の前提のようにして語られてきた。

　一方、スクールカウンセリングや施設入所児への心理的援助においては、日常場面を共に過ごすことによって治療的な働きかけが可能になる。統合失調症患者の治療や被害者支援においても、生活臨床の重要性が認識されている。

　これについて村瀬〔2003〕は「クライエント‐セラピストの閉じられた二者関係に終始する自己完結性の高いサイコセラピィの適用範囲は、どちらかといえばかなり健康度の高いクライエントを対象に創案されたものである」とし、「心身共に成長途上にあって、社会経済的に大人に依存している状態のクライエントや病態が重篤なクライエントにかかわっていく場合、環境の影響を大きく受けるので、家族からの支えや学校などの教育機関、雇用先の理解、コラボレーションが当然必要になってくる」という。さらに村瀬〔2004〕は「障害そのものは解消せずとも、あるいは症状が完全に消褪せずとも、生活の仕方、生活の知恵を創意工夫することによって、クライエントの適応はより向上するという場合も少なくない。人格の中核の問題や、疾病や障害の問題部分に焦点をあてて、それを解決しようと正面から迫るばかりでなく、生活の仕方を工夫し、障害や疾病がもたらす生き難さを和らげることによって、よりよい適応が得られる契機になる場合もある」と述べ、日常的な生活を支えることが適応力を増すことを主張している。

　また、田嶌〔2001〕は「そもそも面接室という限定された空間と時

間での関わりで変化のすべてを関連づけて理解しようとするのは無理がある」とし、「面接室外のあらゆる出来事や要因を把握することは不可能であるが、それでもこうした視点をもつことで無理なこじつけ的理解をかなり回避し、より妥当な理解に至ることができる」と述べている。そして、従来の心理臨床は「変わるべきは個人」ということと、「個人面接で心の内面を扱うことによる変化」を前提にしすぎた結果、「面接場面の非日常性の過度の重視」と「生活場面の不当な軽視」が生じたと批判している。心理療法の効果研究においても、治療外の要因が最も大きい比重を占めることを考えると、すべてを治療関係に還元して解釈していくことには無理があると思われる。

さらに田嶌〔2003〕は「少なくともその人の現実の生活の切実なニーズに関心を払うことが必要であり、時にはその現実に何らかの形で介入することが必要である。こうした考えに対して、『そんな現実のことではなく、心を扱うのが臨床心理の仕事である』という反論がなされることがある。しかし、そういう主張に欠けているのは、『現実を扱うことは心を扱うことである』という認識である」と述べている。

環境調整のために動くことは、面接室の中でクライエントの内面だけに関わるよりも、多くのエネルギーを要する。まわりの多くの人々と折り合いをつけられるよう心をくだき、相手が理解し受け入れやすい説明のための言葉を選ばねばならない。社会人としての常識も必要とされる。

また、クライエントと日常場面をともにすることにより、面接場面とは異なるクライエントの姿が見えることがある。家族といるときのクライエントは、援助者といるときとはまったく違う姿を見せることがある。一対一の守られた面接室では見えなかったクライエントの脆弱さが、社会的な場面で露呈することもある。クライエントがそのように日常生活を送っていることを知ることは、クライエントの理解に役立つ。面接場面で得られる情報は限られており、これらの情報を総合してクライエントの全体像を把握することは、適

切な援助に結びつきやすいだろう。

　青木〔2009〕は、クライエントは「人と場によって異なった姿を示し、異なった印象を与える」とし、「治療者は自分との関係に引き寄せて変化を理解しがちであるが、実はそれはあくまでも変化の一因にすぎず、時には、誰も知らない理由が主因となっていることもある。患者・クライエントが変わるということを、自分に引き付けずに考えること、すなわち多角的、多面的に理解し、絶えず立体的な全体像を描こうとするという姿勢が何よりも求められる」と述べている。

　増沢〔1999〕も、遊戯療法において子どもの内面世界にのみ治療者の関心が集中して、子どもの全体像が見えなくなることがあるとし、「こうしたとき、現実場面で健康に生きる治療者の現実感覚が支えとなる。現実感覚に基づいた視点と内界をとらえる視点とを統合し、全体像を把握することが重要である。そうすることで、子どもとの適切な距離を保ち、現実から遊離して二人だけの固有の世界に潜り込んでしまう危険から回避しやすくなる」と述べている。また、人格の基底部分が育っていない施設入所児の場合、日常生活場面のもつ治療的意味は大きく、現実場面で具体的なケアを通して関わることで自然な形で会えることが多いという。

　人生の最初から愛着形成につまずき、健全な発達をとげてきていない人には、日常的なケアとサポートがより重要になる。この場合も、治療の枠組みにこだわりすぎず、柔軟に対応することが重要である。私の治療経験でも、幼少期から不適切な養育を受けてきた人とは、時に、食事をともにすることが有効であった。生活の基本は衣食住であるが、養育の基本は暖かい食事であろう。食事を与えることは親の養護性を必要とし、単に身体的な栄養補給にとどまらず、安心感、信頼感、一体感、相互性、会話をはぐくむ。摂食障害の患者では、家庭の食卓状況が緊張に満ちていることが多いことも、食事が精神的な関係性を象徴していることを示している。

　また、対象恒常性が未確立なクライエントに対しては、手紙やカード、ちょっとしたお守り的なものを介して関わり、日常生活との連続性をもたせることが有効であった。このようなクライエント

には、目に見えない心を目に見えるかたちで示す必要があった。

　外の世界が恐くて外出できないクライエントとは、いっしょに外出することが役立った。クライエントをそばで守る役割を担って、クライエントが日常的な社会に出ていくことを助けることができた。このような経験を積み重ねていくうちに、クライエントは自分一人で外出できるようになった。

　そのようなときにしばしば私がイメージしたのは、子どもが初めて自転車に乗るときの練習であった。子どもは最初「親が後ろから支えてくれている」という安心感によって、自転車を一人でこぐようになる。そして子どもが気づかないうちに親はそっと手を離し、知らないうちに子どもは一人で自転車をこげるようになる。子どもの自立は、そのような「支えがある」という安心感があるときにスムーズに進むのであって、時期尚早な自立の強要はたいてい逆効果となる。

　自閉症児の療育的遊戯療法を行う場合にも、村瀬〔2002〕は「セラピィで当面意図していることを親に知ってもらい、週一回のセッションの内容が残り、6日と23時間と繋がりをもてるような工夫が望まれる。日常生活の営みに自然にセラピィの中の活動と類似のものを取り入れて子どもが会得していくことの定着を助ける」と述べている。治療場面で子どもと関わる時の工夫を親に伝えて共有し、家庭での働きかけと連続性をもたせることが重要である。

　このように、クライエントにとって何が必要であるかを、クライエントの障害、発達段階、環境条件などから総合的に考えるとき、「治療場面は日常性と切り離された非日常的な時空間であるべきである」とは必ずしも言えない。確かに治療者があまりにも常識的な観点にとらわれすぎて、クライエントが日常接している人々と同じような態度をとるならば、クライエントは相談に来る意味がないだろう。

　心の専門家として、日常の常識的観点とは異なる専門的観点で心理的事象を把握できねばならないが、このことは、非日常性に特別な価値づけをすることとは異なる。無意識内容を表現して非日常的

な体験をすることが治癒に必要な人もいるが、それがすべてのクライエントに当てはまるわけではなく、自我の脆弱な人には危険なこともある。いわゆる「深い」治療は、クライエントにとって苦しみと犠牲が大きく、社会適応を著しく損なう危険があることを忘れてはならない。

また、面接場面での話題が病的なものに偏ると、クライエントには、自分は病者であるというアイデンティティが浸透してしまう。実際の日常生活では、趣味に打ち込んだり買い物に出かけたりと、クライエントには健康な部分がたくさんある。それを話題にして共有することで、「日常生活のなかで出来ていることがある」という自己イメージを、クライエントのなかに育てることができる。このように、病理的な面に偏りすぎず、健康な面ももつクライエントの全体像を見ることが重要である。

セラピストが病的な体験への感受性や共感的理解をもつ一方で、常識をわきまえ、一人の生活者として現実感覚をもっていることは、状況を全体的にバランスよく判断することを可能にし、クライエントに与える安心感も大きい。また、思春期・青年期の人は、セラピストを大人のモデルとみなすことが多いので、健康に日常生活を送っている大人として彼らの目に映ることが望ましい。

内界や非日常性を重視する価値観は、深層心理を重視する立場に基づくものである。現実世界で不適応感に苦しむクライエントにとって、心の深い層で癒されることが必要な場合もあるだろう。しかしそのような援助は、クライエントが必要としたときに提供すればいいのであって、セラピストの側から常にその方向に導くべきではないと思われる。

援助の過程では、そのときのクライエントにとって、どのような非日常性と日常性のバランスが適切であるかを考えねばならない。内面の苦痛が大きく、まだ外界に向かうエネルギーが不足しているときや、外界への恐怖に圧倒され心が外界に背を向けているときには、日常性を志向した話題や行動は、クライエントにとって苦痛でしかないだろう。少し回復するまで、日常的な話題は避けたほうがよい。そのうち外界へ向かう意欲が回復すれば、日常的な生活や行

動について話しあうことが役に立つだろう。

　家庭や学校という環境がクライエントにとって安心できる居場所でない場合には、環境調整のために動くことが必要である。しかし、環境調整のための行動に意識が集中してしまい、クライエントの内面にじっくり寄り添うことがなくならないように、注意せねばならない。治療者の関心が外界に向きすぎて、内界への配慮がおろそかになり、クライエントが不満をもつことがある。どのような場合にも、**内界と外界への配慮に適切なバランス感覚をもつことが必要である。**

　　　　　　　　　　　　　文　　献

青木省三〔2009〕「治癒機転：人が変わるとき」『臨床心理学増刊（対人援助の技とこころ）』1、74-80。

Asay, T.E. & Lambert, M.J. 〔1999〕 The empirical case for common factors in psychotherapy: quantitative findings. In Hubble, M.A, Duncan, B.L. & Miller, S. (Eds.) *The heart and soul of change: What works in therapy.* Washington, D.C. : American Psychology Association, 141-157.

土居健郎〔2000〕『土居健郎選集 8：専門性と人間性』岩波書店、186-207。

河合隼雄〔1986〕『宗教と科学の接点』岩波書店。

河合隼雄〔2002〕「心理療法の発展」『臨床心理学』2(6)、797-803。

増沢高〔1999〕「遊戯療法と守り」『現代のエスプリ』389、156-167。

Miller, S.D., Duncan, B.L. & Hubble, M.A. 〔1997〕 *Escape from Babel: Toward a unifying language for psychotherapy practice.* New York: Norton. 曽我昌祺訳〔2000〕『心理療法——その基礎なるもの』金剛出版。

諸富祥彦〔2003〕「クライエント中心療法と臨床心理行為」氏原寛・田嶌誠一編『臨床心理行為』創元社、122-141。

村瀬嘉代子〔2002〕「遊戯療法と親面接——その展開の諸相」『臨床心理学』2 (3)、325-330。

村瀬嘉代子〔2003〕「統合的アプローチ——個別的にして多面的アプローチ」『臨床心理学』3(5)、659-665。

村瀬嘉代子〔2004〕「心理的援助と生活を支える視点」『臨床心理学』4(2)、161-166。

中井久夫〔2000〕『分裂病の回復と養生』星和書店。

成瀬悟策〔2003〕「心理臨床の独自性」氏原寛・田嶌誠一編『臨床心理行為』創元社、26-47。

日本臨床心理士会〔2006〕第 4 回「臨床心理士の動向ならびに意識調査」報告書。

Rogers, C.R. 〔1957〕 The necessary and sufficient conditions of therapeutic personality change. *Journal of Consulting Psychology*, 21, 95-103. 伊東博編訳〔1966〕『ロジャーズ全集 第4巻：サイコセラピーの過程』岩崎学術出版社.

Searles, H.F.〔1979〕*Countertransference and related subjects*. 松本雅彦他訳〔1991〕『逆転移1』みすず書房.

下山晴彦〔2003〕「日本の臨床心理学の将来——国際的視野をふまえて」氏原寛・田嶌誠一編『臨床心理行為』創元社、66-86.

鈴木啓嗣〔2003〕「心理的援助の専門化について」『こころの科学』110、106-112.

滝川一廣〔1998〕「精神療法とはなにか」星野弘他編『治療のテルモピュライ——中井久夫の仕事を考え直す』星和書店.

田嶌誠一〔1995〕「密室カウンセリングよどこへゆく」『教育と医学』43(5)、26-33.

田嶌誠一〔2001〕「事例研究の視点——ネットワークとコミュニティ」『臨床心理学』1(1)、67-75.

田嶌誠一〔2003〕「臨床心理行為の現状と課題」氏原寛・田嶌誠一編『臨床心理行為』創元社、242-269.

Chapter *1*

初 回 面 接

―― なにを聴き、なにを伝えるか ――

はじめに

　一方に、援助を必要とする人がいる。他方に、援助を提供しうる人がいる。この二人の最初の出会いが、初回面接である。
　心理臨床の実践において、「もし自分がクライエントならば……」と、クライエントの立場に立って考えることは重要なことと思われる。
　もし自分がクライエントならば、予約をしてから約束の日まで、期待と不安で胸がいっぱいだろう。
　面接者はどんな人だろうか。信頼して話せそうな人だろうか。きちんと話を受けとめ、聴いてくれるだろうか。苦しさに共感してくれるだろうか。最初から何もかも話せるわけではないから、最低限の理解に必要なことだけを聴いてほしい。面接者を信頼すれば、そのうち話すだろうから、性急に根掘り葉掘り聴いたりしないでほしい。自分の内面世界に不用意に足を踏み入れたり、過去や無意識を断定するような発言をしないでほしい。心に負担のかかる心理テストはしないでほしい。そうではなく、今の状態がどのようなものであるか、わかりやすく説明してほしい。そして、どのようにすれば改善するのか、できるだけ安定した楽観的な態度で、具体的なアドバイスと見通しを伝えてほしい。不用意に診断名の告知をしないでほしい。
　このように想像するとき、実際に行われている初回面接は、クライエントの要求とのあいだに大きなズレがあるように感じられる。

初回面接とは何か

　初回面接は、受理面接や予診とは区別される。伊藤〔1991〕によれば、受理面接とは「治療機関側がクライエントを受け入れる」という意味で、治療機関を主体とする用語である。また、予診とは、主

に医療機関の外来で使われ、「本来担当すべき医者のための予備面接であり、クライエントの主訴や現症歴、生活歴等の概括的な情報を、極端に言えば一方的に聞き取っている問診にすぎない」。それに対して初回面接には「初めての出会い」という意味があり、クライエントの主体性を包含し、主体的な対話によって以後の治療の方向性を決める機能をもつという。

　初回面接とは、クライエントとセラピストの最初の出会いである。この点において、臨床家にとっても、継続面接とは異なる緊張を強いられる。しかし、臨床家にとって面接室は、なじみのある仕事場であり日常的な場であるが、クライエントにとってはなじみのない場であり、そこを訪れるだけでも大きな決断を要することを忘れてはならない。

　青木〔2001〕が述べているように、初回面接は「日常生活における初対面の人との出会いの一つの形であり、決してそれからかけ離れた特殊なものではない」。すなわち「挨拶、自己紹介からはじまり、相談に来ることにまつわる不安や苦労に対してねぎらいの言葉など、一人の人間として遇することが基本である」。面接者は、クライエントが苦しみをかかえて来談したことへの共感と配慮を示すと同時に、人と初めて会う時の基本的な礼儀をわきまえ、クライエントを尊重していることを言葉や態度で示す——落ち着いた服装、ていねいな言葉づかい、おだやかな表情と話し方など——ことが重要である。心理面接の非日常性が強調されてきたために、このような**常識的な態度**の重要性はあまり強調されることがなかったが、一人の社会人として、また専門家として、実際にはもっとも重要な基本的態度であると言える。

　斎藤〔1996〕は、初回には「情報収集」と「関係形成」という大きな二つの仕事があり、これらを両立させることが重要であるという。この最初の出会いにおいて最も重要なことは、クライエントが問題解決に向けて共同作業をする相手として、面接者を選ぶかどうかである。山中〔2001〕は、初回面接において「アセスメント」や「診断」が必要であることを認めたうえで、それよりも大切なことはク

ライエントが次回からの「来談意欲」をもてるかどうかであると述べている。詳細な情報を聞き取り正確な見立てをしても、クライエントがその面接者に「二度と会いたくない」と思ったならば、援助関係じたいが成立しない。

クライエントが「この人なら自分を理解してくれる」「もっと話したい」「信頼できる」と思えるかどうかは、初回面接における面接者の対応にかかっている。クライエントと面接者の相性の問題はあるとしても、多くのクライエントから面接者として適任であると判断されることが、面接者としての力量であろう。子どものプレイセラピーにおいても、子どもはセラピストの能力を直観的に見ぬき、セラピストの力量に応じて遊びを展開する。来談することに意味を感じるから、クライエントは継続して来談するのであり、それを決めるのはクライエントである。

神田橋〔1984〕は、面接の本質は「出会い」であり、それには三つの側面があると述べている。第一は、患者の陳述をきくことであり、治療者には「聴く能力を磨く」ことと、「患者の語る意欲と能力とを向上させる技術を持つ」ことが要請される。第二は、患者を観察することである。そして第三は、患者と関係をつくることである。患者をサポートする方法には非言語レベルと言語レベルがあって、非言語レベルで伝えられるものは「暖かさ」と「やさしさ」であり、言語的レベルでは「的確さ」である。言語レベルでは「的確にわかってもらえた」という感じが最も大切であり、「言語内容で伝えられる暖かさややさしさは、時に不信を増大させることがある」という。

クライエントが心のどういう次元で出会いを体験するかは、面接者の心が開かれている次元によっている。斎藤〔1996〕は、初回には非言語的コミュニケーション、つまり「身体水準」のもの、「言語表象に頼らないでイメージや事物表象また原初的な象徴が主役を演じる無意識水準のもの」にむしろ比重がかかるという。言語的応答の重要性はいうまでもないが、非言語的な身体的・無意識的水準でも、出会いは生じる。ここですでに転移／逆転移が生じることもある。面接者も言語的・非言語的情報を総合してクライエントを理解

することが重要である。
　このように、初回面接とは最初の出会いであり、どのような関係を形成しうるかによって、クライエントのその後の来談への意欲を決定づける。クライエントの期待が失望に変わり、不安がさらに増幅されることのないように、面接を終えたい。

見立ては仮説である

　土居〔1996〕は〈見立て〉について以下のように述べている。見立ては「診断的なものをふくんでいるが、しかし単に患者に病名を付することではない。それは断じて分類することではない。それは個々のケースについて診断に基づいて治療的見通しを立てることであるとともに、具体的に患者にどのように語りかけるかをも含むものであって、きわめて個別的なものである。それは患者についての判断を提供するものであるとともに、同時に判断する治療者の資質と経験がそこに浮かび上がる仕組みになっている」。このように〈見立て〉とは、診断に限らず、クライエントの状態についての「理解」「判断」とそれに基づく「援助方針」および「見通し」を含むものである。
　医療においては、初診かできるだけ早い時期に診断と治療方針を伝える。しかし、精神科における診断の一致率は他科に比べて低い。また、中井〔1982〕は「私の初診での的中率を直観的に評価すればそれは20％程度、いくら甘く見ても30％を出ないと思う」とし、「初診である程度以上診断率を上げようとすれば対象に過度の負荷を強いることになる」と述べている。初回に正確な診断をしようとすれば、情報収集に偏りがちとなり、クライエントに負担をかけることは避けられない。また診断的になるあまりに治療的な関わりが希薄になる危険がある。
　中安〔2007〕は、臨床診断は「仮説設定」であり、「より適切な治療方針の決定のためには蓋然性のより高い仮説を設定することが望ましい」が、「こと精神科臨床においては、このことが短兵急に求め

られると、治療的には逆のマイナスの方向に作用することがある。神経症圏あるいは人格障害圏の患者に対する、診断の確定を求めるあまりの、時宜をわきまえない情報の聴取が治療的に無効なばかりか、治療関係を破壊し、病状の悪化すら招きかねない」と述べている。

　中安は「臨床診断は仮説設定である」と治療者が自覚することの効用は、時に診断を追い求めることを抑制することが重要であること、予想外の事態が生じたときに新たに生じた事態を取り込んで再度の仮説設定を行い治療方針を選び直すことが容易になること、にあるという。また、仮説設定である臨床診断の検証は「治療の成否」によって行われるとしている。さらに、臨床診断は「予見」と「疑見」を含むものでなければならないという。予見の必要性は、治療が「現在の状態を改善するだけでなく、近未来のきたるべき状態を予測して、それを防止することにもある」からである。疑見とは、「鑑別診断にあたっては常により重症の疾患の可能性を疑うという診断姿勢」のことであり、重症の疾患を見逃すことが患者に与える被害が大きく取り返しがつかないことを知っているからであるという。

　心理臨床においては、精神科医の臨床と共通する部分をもちつつも、医師とは異なる独自の初回面接のあり方が考えられる。山中〔2003〕は、医師の初診では診断と方針を定めることを主とするのに対して、臨床心理の面接では「クライエントが話す、その話に同行する」かたちで面接が進められ、心理臨床家はもっぱら話を聴き、クライエントが「あ、この人は、本当に自分の話を聴いてくれる人だな」という感触をもてるかどうかが肝要であるという。

　山中〔2001〕は「厳密な診断や見立てを前面に出し過ぎると、どうしても、探索的、検索的に傾き、クライエントの思考過程が、自発的、建設的な方向に向かわず、いきおい、セラピストの目は、病的、症状的なものに行きがちで、クライエントがもつ、治癒可能性などの内的可能性に対する見立てがしにくくなるきらいがある。……カウンセリングや心理療法一般では、むしろ、なぜと問うていくので

はなく、クライエントが語りたい話を中心にすすめる方がよい。そうすると、診断や見立ては希薄になっていくきらいがある、と疑問を呈する人が出てくる。しかし、クライエントにとって大切なのは、この『場』が、彼らにとって、安心して話のできる場であるか否か、なのであって、尋問や設問の場でないことだ」と述べている。

そして山中〔2001〕は、初回面接においては、診断の確定ではなく、大きな診断範疇として病態水準を見立てておくことが必要であるとし、それはクライエントの脆弱な部分、守りが希薄な部分を把握して、クライエントを十分に守ることが治療者に要求されるからであるという。このように、見立ては重要であるが、そればかりに偏りすぎることの弊害を認識し、関係形成への努力とバランスをとることを忘れてはならない。

さらに、臨床心理士の働く場は医療機関に限らず、心理的援助の内容は狭義の治療に限らないことから、医療モデルにのみ依拠するのでは不十分である。臨床心理士の働く場としては、司法・矯正、福祉、保健・医療、教育・研究、産業などがあげられる。また、臨床心理学的援助の独自性として、関係に基づいて援助がなされること、病気や障害じたいに働きかけるというよりも、その病気や障害によって苦しんでいるクライエントその人に心理的に働きかけることがあげられる。たとえば、身体に障害をもつ人に対して、その障害じたいを治すことはできなくても、障害から派生する孤独感・劣等感・疎外感に対して、また社会適応の失敗が緊張を高めさらに失敗をもたらすという悪循環に陥っているような場合、その不適応の改善に向けて、心理的援助は有効である。末期癌の患者への心理面接においても、最後の日々を少しでも耐え易いものにするために援助するのであって、狭義の治療を目的としなくても、クライエントにとって意味のある援助はできる。

村瀬〔1996〕によれば、統合失調症圏と診断された帰国生の女子大生が、現実世界への恐れが和らいだのは、治療者が「私の話をsymptomsとしてばかりでなく、my personal experiencesとして聴いてくれた」からだと語ったという。症状という病理的な面ばかりに注目するよりも、クライエントの個人的体験を重視すること

が、心理的援助においては大切であることを、このクライエントの言葉が端的に示している。中井〔2007〕も、患者の病的な面ばかりに注目することで「病気中心の人生にしてはいけない」とし、「健康な生活面に注目する」ことの重要性を述べている。従って、病理だけに注目するような視点で、クライエントに会うことの弊害を認識する必要がある。

　日本臨床心理士会〔2005〕において、臨床心理アセスメント（査定）は「面接や観察、各種の心理検査などによって、その人をよく知り、どのような援助のしかたが適切であるかを総合的に判断」することであると定義されている。アセスメントの基本は「面接や観察」である。安易に心理検査に頼り、ルーティーンのように初回にいくつかの心理テストを実施している治療機関があるが、それは、クライエントにとって負担の大きいことであろう。もし自分がクライエントならば、苦痛をかかえて来談したときに、心理検査をされることを望むだろうか。むしろ、関与しながらの観察によってアセスメントをなしうることこそが、心理臨床家の技能ではないだろうか。時にアセスメントのためのアセスメントに陥っているかのような事態、専門用語の切り貼りにすぎないような"見立て"を見かけるが、アセスメントは、その後の具体的な援助方針を与えなければ意味がない。

　ここで、「初めに明確な"見立て"をし、それに基づいて治療していく」というモデルが、心理臨床において適切かどうかを考えてみたい。

　まず、導入の段階での過度の明確化がもたらす弊害について考慮することが必要である。鈴木〔2003〕は「導入の段階でどこまで問題を明らかにするかは、援助の戦略上、非常に繊細な注意を要する部分である。援助の入り口で利用者を丸裸にして、問題が明らかになったとしても、利用者の能力を下げたのでは元も子もないのである。強い無力感に襲われた利用者は自分を責めたり、他人を攻めたりするかもしれない。利用者が抑うつ的な傾向を強めれば、解決や改善が遠くなるのは当然である」と指摘し、「導入部分における整

理が足らないために、利用者と提供者の間でうまく同盟を結べない問題についての議論は多いが、行き過ぎた明確化のもたらす問題について専門家は注意を怠りがちである」と述べている。過度の明確化がもつ侵襲性について配慮が必要であり、臨床家には節度が求められる。最初から無意識的な葛藤を指摘するような態度は慎まねばならない。

　クライエントが最初から洗いざらい話すことは、相当に病態水準が低くないかぎり、ありえないだろう。たいていの人は最初、主訴にまつわる最低限のことだけを話し、面接者との信頼関係が深まるにつれて、より内面的なことも話すようになる。このことは「もし自分がクライエントならば……」と考えれば、容易に想像できることであり、日常の人間関係でも当たり前のことであるのに、臨床家が最初から明確化を急ぎがちなのは、奇妙なことである。専門性というものが、時に独善に陥りやすく、現実に生活している人々の心理からかけ離れた理論や技法に陥る危険があることを、認識しておく必要がある。

　したがって、初回面接における"見立て"においては、クライエントの発達的特徴と病態水準、大まかな全体像を把握する。"見立て"の精度をあげるために、詳細な質問や心理テストなどによって、過度の負担を強いることは避けたい。クライエントは、自分ひとりではかかえきれなくなった苦痛をもって訪れるのであるから、クライエントの語ることを共感的に聴きながら、わからないところを補うために適切な質問をして、"見立て"を心のなかで構成していく。そのためには、精神医学的な診断基準についての知識をもっていることが必要である。

　ところで、アセスメントのための面接と治療面接を截然と分け、初期の段階で明確な"見立て"をするために何回か面接を重ねるという立場がある。このときに、いくつもの心理テストがおこなわれることもある。この方法だと、アセスメントのための面接で中断になった場合、クライエントにとっては負担だけがかかって得るものがない。青木〔2001〕は「初回面接は、診断やアセスメントという意

味でも重要であるが、出会った時から治療と援助は始まっている」と述べ、また、面接は一回限りで終わることもあり、聞きっぱなしは許されず、「聞くことと手当てすること、診断することと治療すること、客観的観察と主観的推測などが、同時に進行していく」と反論している〔青木, 2003〕。成田〔2003〕も「精神療法においては診断しつつ治療し、その治療への反応がまた診断を詳細化したり深化したりするもので、診断と治療は不可分である」と述べている。また、侵襲性の低い治療の場合、それほど厳密なアセスメントは必要でないだろう。

初回面接の結果として、他の機関にクライエントを紹介することになったとしても、初回面接者が共感的に話を聴いてくれたという体験は、クライエントの治療意欲を高めることに役立つだろう。このとき、クライエントが新たな治療機関にスムーズに移行できるように配慮することも必要である。

初期の"見立て"はその後の援助方針を決めるためのものであるが、あくまでも仮説であり、見立ての吟味と修正は、全援助期間を通じて行われる。関係の深まりにともなって、クライエントは、初回には語れなかったことを語るようになり、見せなかったものを見せるようになる。たとえば、性的虐待を受けた女児が、援助過程の進展によって初めてそのことを援助者に伝えることがある。このように"見立て"は固定的なものではなく、常に柔軟に修正されるべきものである。田嶌〔2003〕が述べるように、介入してクライエントの反応を見て見立て、それに基づいてさらに介入するといった「介入しながら見立てる（考える）」という方法が、臨床心理におけるモデルとして適切である。

村瀬〔2003〕も「心理的援助の過程とは、クライエントに対する援助的な関わりとアセスメントが表裏一体をなして進行するものである。初めに見立てを立て、それに則った方針に従っていく、というのではなく、アセスメントは仮説である、援助過程の進展につれて、より深い事情が明らかになる、あるいはクライエントの状態像も変化していくので、当然修正、あるいはより的確な見立てがなされる」と述べている。臨床心理学的援助においては、このような変化が生

じることを認識し、**関係を深めながら時間をかけて問題への理解を深めていく**という態度が望ましい。

また、平井〔2008〕が、病状は時間的に変化すること、治療者との合作であることを述べているように、症状が治療の過程で変遷するだけでなく、治療者によってクライエントの見せる病理が違うこともよくある。たとえば、被虐待児は、ある援助者の前では過度によい子としてふるまい、別の援助者の前では悪態をつくなど、相手によって態度を変える。また、境界性パーソナリティ障害や解離性同一性障害などは、セラピストの対応によって病理が開花するといわれる。このように、相手との関係によってクライエントの見せる面が違うことを認識し、さまざまな情報を総合して多面的にクライエントを理解しようと努力することが必要である。

"見立て"は固定的なものではないが、初回面接において、見立てに基づいて「どのような心理的援助を提供できるか」を判断することは重要である。大学の相談室で初回面接をする場合、「その機関でクライエントに適切な援助ができるか、それとも他機関へ紹介した方がいいのか」「面接を継続するのか、一回限りの助言・指導で終わるのか」「心理的援助だけでいいのか、医療機関との連携を考えるのか」「だれが担当するのが適切か」などの判断もせねばならない。

さらに、「だれが初回面接を行うか」という問題がある。経験豊かな臨床家が初回面接を行い、クライエントへの"見立て"をして担当者を決めるということが、多くの機関で行われているが、伊藤〔1991〕は、初回面接者とその後の面接者が異なることには、以下のような問題があると指摘している。第一に、初回面接者の選んだ治療者と治療関係に入るという構造は、クライエントに治療に主体的に関わっているという認識をもたらさないこと、第二に、初回面接者に対する転移が生じやすくなるが、この転移を実際の治療関係を通してとりあげることができないことである。初心者にとっては"見立て"が困難なことから、このような方法がとられていることが多いが、できるかぎり同一の面接者が最初から担当することが望ましい。

また、"見立て"は援助者の側からだけではなく、クライエントからも為されていることを忘れてはならない。「治療者はいつもクライエントの話を聞き、クライエントを観察し、情報を得ようとする。それは大切なことである。しかし、それと同様にクライエントも常に治療者を見て、治療者という人間がどのような人間であるかをアセスメントしようとしているのを忘れてはならない。自分を担当する治療者がどのような治療者であるかは、クライエントにとって重大問題なのである。その際のクライエントの観察力とアセスメント能力は、しばしば治療者を上まわることがある」〔青木, 2001〕。

　初回面接を終えたときに、クライエントが面接者に対して、「共同作業者として信頼できる」という印象をもち、「続けて来談したい」と思えるかどうかが、もっとも重要である。そのためには、面接者の態度、面接の技術、専門的知識と経験が必要である。初心者が初回か数回で中断になりがちであることは、初回面接の難しさを物語っている。

なにを聴き、なにを伝えるか

　初回は「主訴」を中心に聴く。症状や問題行動があるならば、いつからか、きっかけとなる出来事、症状の程度、日常生活がどの程度妨げられているか、治療歴などを聴く。「主訴」は、あくまでもクライエントが意識的に把握していることであり、客観的な理解とは異なる場合がある。クライエントは、自分自身に生じていることを全く理解できていないこともある。

　たとえば、「精神的余裕をもちたい」という主訴で来談した青年が、重い抑うつ状態で医療も含めた対応が必要になったり、「子どもの不登校」という親からの申し込みであったが、面接すると子どもは選択性緘黙であることがわかったりする。このように予約申し込みや申し込み票に書かれた「主訴」とは異なる問題が潜んでいる場合があるため、正確に見立てる力が必要になる。また、親子の認識が大きくずれている場合、親子関係に問題があることが多いように思

われる。

　生育歴について、大人のクライエントに対しても、初回に機械的に聴いている治療機関がある。このことは、援助において必ずしも必要でないばかりか、クライエントへの侵襲性と負担という観点から避けるべきであろう。あくまでも「主訴」を中心に聴き、それに関わるエピソードをさかのぼるかたちで聴けば、クライエントにとっての抵抗感も少ないと思われる。

　ただし子どもの場合には、親から生育歴を聴いておくことが、適切な"見立て"をして援助方針を決めるために必要である。初回には、さしあたっての見立てと援助方針を立てるために必要なことを聴けばよいのであり、それ以上のことは面接が継続になれば、おいおい聴いていけばよい。

　初回面接のなかで、クライエントに対して、主訴となっている状態の説明、具体的方針と見通しを伝える。このことは、本人自身の問題が主訴である場合でも、親が子どもの問題を主訴に来談した場合でも、同じである。

　たとえば、発達障害の子どもをもつ親から「うちの子は治るでしょうか？」と聞かれることがある。昨今では「発達障害だから治りません」などの言葉が安易にクライエントに告げられていると聞く。まず、「〜障害」であると突然告げられても、ショックを受けるだけで、親にとっては簡単に受けいれられないことが多い。それなのに治療者は、「障害の受容」を当然のことのように期待し、「受容の困難さ」に思いが至らないのである。さらに、「治らない」と言われてもすぐに受け容れられるものではない。私の援助経験でも、子どもの障害が治らないと思いたくない親が、必死で子どもにさまざまな方法を試すのを見てきた。その親心をだれが否定できるだろうか。子どもに害がないかぎり、私はそのような親の行動を見守ってきた。最終的に、子どもなりに少しずつ成長していく姿と、それでも子どもがかかえる現実的限界を見て、親はやっと受け容れられるのであろう。

　初回ではなく、長く継続面接をしていたクライエントであって

も、「〜障害」という一般名を告げると、強い感情的反発と抵抗を示すのを経験した。それほどに"診断名"は、クライエントにとって残酷で受け容れ難いものでありうることを認識しておく必要がある。専門用語は、臨床家にとっては聞きなれた言葉であっても、クライエントをひどく傷つける可能性があることを忘れてはならない。クライエントにとって受け容れやすいのは、一般化された名称ではなく、「個々の具体的な問題に対して、どうすれば改善するか」という方針と見通しである。たとえば子どもに発達障害がある場合、「こだわりなどの特徴は変わらないかもしれないが、それを生かしていく道もありうる」「衝動のコントロールが今は悪くても、徐々にコントロールする力を身につけることができる」など、見通しを具体的な方法とともに親に伝えることが重要である。

　中井〔2007〕は、患者が一番知りたいことは、病名もさることながら、「これは何事か」と「これから私はどうなるのか」であるとし、これを告げることが非常に大きな回復力になるという。そのため「状況を説明する」ことと「希望を処方する」ことが重要であるという。診断は宣告ではないこと、患者に協力を要請すること、繰り返し保証することが、重要であると述べている。また、治るとは病気の前に戻ることではなく、「病気の種子」がある不安定で危ういところのある病気の前よりもよくなること、「見栄えは二の次で、病気の前より安定してゆとりのある状態になること」だと伝えるという。中井が述べているように、診断は宣告ではないこと、希望を処方することが大切である。
　これから良い方向に変わりうる、たいていは良くなるのだということを、臨床家は過去の自分自身や他の治療者の治療経験に基づいて保証することが重要である。何の根拠もなく保証するのではなく、経験に基づく自信のようなものを雰囲気から感じとってもらえるとよいと思う。
　質問は、答えやすい具体的な内容にする。特に緊張の高いクライエントには、簡単に答えられる身近な内容にするなどの工夫が必要である。クライエントの話を聴きながら、できるだけその流れに

沿って、事実関係を確認したり、クライエントの気持ちを想像して代弁したり、見立てを組み立てるために質問をしていく。的確な質問は、クライエントの自己理解を助けると同時に、面接者への信頼感を増すのに役立つ。質問する際、決して一方的な事情聴取のようにならないように、表情、語調、頷き、相槌などにも気をつける。

　言葉を話すときには、同じ内容を伝えるのにも、どのような言葉で、どのような語順で伝えるのがクライエントにとって受け容れやすいかを考える。そのためには語彙が豊富であることが必要である。できるだけ、否定的な表現ではなく肯定的な表現を用いるようにする。たとえば、「〜しなければ……できない」というような脅迫めいた言い方は避け、「……するために（できるように）〜しましょう」と肯定的な表現にする。語順については、長い文章では後半部分が印象に残ることが多いので、「〜だが、……」というように伝える時には、後半に肯定的な内容がくるように気をつける。

　たとえば中井〔2007〕は、「統合失調症ではないか」と患者や家族に聞かれたとき、「そこまで行かないようにお互いに協力しよう」と答えるという。急性精神病の患者に対して、「きみは今、とてもそう思えないだろうけれども、ほんとうは大丈夫なんだよ」と小声で保証するという。これらの言葉は、お互いに協力する、ほんとうは大丈夫というところに強調点があると受け取られるだろう。

　臨床においては、わかりやすく的確な説明の言葉と、比喩やイメージを用いた情緒的交流のための言葉の両方が、重層的に用いられる。一義的な説明の言葉ばかりふえると、援助関係や援助過程が平板で貧しいものとなり、援助効果が減じることも、多いのではないだろうか。言葉のもつふくらみや奥行きを大切にする必要がある。しかしどんなときでも臨床家は、**自分の語る言葉をクライエントがどう受けとめ理解するか**を常に考えながら、言葉を選ばねばならない。

治療目標・治療契約
インフォームドコンセントをどう考えるか

　熊倉〔1994〕によれば、インフォームドコンセントとは「相互の信頼と参加に基づく共同の意思決定のプロセス」である。正常な発達を遂げている場合、意思決定能力は11歳前後から芽生え、15歳前後にほぼ完成するとされる〔Leikin, 1983〕。インフォームドコンセントは、意思決定能力が十全に発達している場合に成立するため、発達の遅れや重いストレスのある場合には、この時期が遅れることを考慮する必要がある〔高岡・井川, 2002〕。

　もともとインフォームドコンセントの考え方は、法理のうえで発生してきた。医事訴訟に悩むアメリカにおいて主に確立されたもので、法的に見れば医療行為は民法上の契約であり、医療訴訟を回避するためには、インフォームドコンセントの内容を訴訟に対する証拠書類として残しておく必要があった。しかし、個人主義、合理主義、宗教観など、欧米との社会的背景の違いから、日本社会にはなじみにくく、負の側面ももつことが指摘されている〔森岡, 1994〕。そのため医療においても、インフォームドコンセントの重要性は認識されながらも、日本の文化的背景に合った方法を考えるべきであるとされてきた。

　日本医師会〔1990〕は、日本の医療において「説明と同意」が難しいのは、日本の社会では「伝統的に個人のあり方や対人関係がアメリカや西欧諸国の場合とは違った性格を持っている」ためであるとし、「いまこそ、医師と患者は、馴れ合いの関係ではなく、心と心の触れ合う人間関係をつくり上げなければならない。しかし、アメリカ式の『説明と同意』をそのまま日本に導入せよというのではない。わが国のこれまでの医療の歴史、文化的な背景、国民性、国民感情などを十分に考えながら、わが国に適した『説明と同意』が行われるようにしたいものである」と述べている。森岡〔1994〕は、インフォームドコンセントの一環として検査や治療にあたって契約書

のような承諾書・同意書を示し署名・捺印を求める行為は、医師と患者の関係に水をさし、冷たい人間関係を招来するのではないかと危惧している。

星野〔1991〕は、法廷においてインフォームドコンセントの法理を原則論的（機械的）に適用すると、「臨床現場における医療のもつ本質的な不確かさを無視して、その不確かさを補っている医師の学識経験に基づく裁量を認めないことになりかねない」と指摘している。

谷田〔2006〕も、患者に死期を伝えることを例に挙げて、インフォームドコンセントを原理主義的にとらえると、かえって患者や家族を苦しめてしまうことを指摘し、患者を主体に考えなければならないと述べている。

このように、医療においても医師と患者の人間関係が重要であり、インフォームドコンセントにおいて、日本の文化や対人関係のあり方を考慮する必要性が指摘されている。そうであるならば、クライエントとの人間関係に基づいて行われる心理臨床においては、いっそう繊細な配慮が求められるだろう。

インフォームドコンセントは重要であるが、あまりに原理主義的にとらえると、心理的援助のもつ「本質的な不確かさ」と「経験に基づく裁量」を無視することになる。また、クライエントを主体に考えなければ、かえってクライエントを苦しめるおそれがあることを、認識しておく必要がある。

昨今、インフォームドコンセントについては、その形式的な側面ばかりが注目されているように見えるが、説明と同意の「内容」が問題にされねばならない。初回面接において、病状とそれへの対応法、援助方針について説明することは、ごく当然のこととして行われているのではないだろうか。また、説明し同意を得ることは、全援助期間を通じておこなわれるべきである。

鈴木〔2003〕は、心理的援助におけるインフォームドコンセントの特徴について、「実際に心理的援助の現場にいると、利用者が抱えている問題や利用者の援助者に対する期待などについて、援助を開

始する時点から明確に見通すことができるとは限らない。援助の経過の中で、当初の目標が違ったものに変化していくことも少なくない。それは対象をきちんと把握し、効率のよい援助を行うべきであるという専門性の観点からは、未熟な技量とも考えられる。しかしそこに心理的援助ならではの特徴を読みとることもできるのではないだろうか」と述べている。

　そして鈴木は、利用者が望むものと治療者の提供できるものを照合してインフォームドコンセントに基づく治療を行うことの意義は認めたうえで、このようなやりとりをどの程度具体的にできるのか、あるいは徹底して具体化を目指す必要があるのか、という問題提起をしている。鈴木は心理的援助の導入の段階で、利用者が望んでいるものと治療者が目指しているものは異なることが少なくないことを指摘し、「ここで行われているやりとりは主に利用者と援助者との関係性を確認しているのであって、具体的な問題の解決法について厳密な契約を取り交わしているのとは若干異なった種類のものである。もちろん具体的な約束ごとをする場合も数多いけれども、熟練した臨床家はそこにさまざまな意味を持ち込んで、重層的な効果をねらったりしているのではないだろうか」という。

　たとえばクライエントの主訴が「不登校」である場合、行動療法の場合は別にして、援助者が登校のみを目標にすることは少ないだろう。不登校にいたった経緯、生育史、親子関係、対人関係のあり方、本人の性格、発達段階などについて、総合的に理解しようと努め、どのような心理的問題あるいは環境的問題をかかえているのかを考え、心理的援助や環境調整によって状態を改善することを目標にする。その結果、クライエントは時間とともに回復し、段階的なステップを踏んで、最終的に登校できるようになることが多い。あるいはクライエント自身が、学校以外に生きる場所を選ぶこともある。しかし当初、親と子は一日も早い登校だけを目標にしていることが多いだろう。

　また、心理的援助は、クライエントと援助者の関係に基づいて行われるので、回復の過程は、クライエントと援助者の関係によって異なってくる。さらに、クライエントのまわりにいる人々の対応に

よっても違ってくる。中井〔2000〕が述べているように、「悪化は単一原因でも起こるが、回復は、全体として条件が揃って初めて起こることであり、その際、治療者も、より大きな文脈の一部である」ことを忘れてはならない。

　援助の実際においては予想外の展開が生じることも少なくない。援助者はクライエントと関わるなかでクライエントの変化を客観的に跡づけることによって、次の変化がどのようなものであるかをある程度予測できる。具体的な目標は、クライエントと実際に関わるなかで変化を確認した後に見えてくる。援助者は、それまでに生じた変化の確認と、次の変化に向けての予測と準備を常にしながら、個人的な変化過程につき従っていく。しかし、ある程度の短期的見通しはもてても、長期的にどのような変化が生じるのか、個々のクライエントについてはやってみないとわからないというのが実情であろう。それは、生きるということが、そういうことだからである。援助過程が、熟練した専門家によって「出たとこ勝負」「行き当たりばったり」と言われる所以である。

　このように、初期の段階で援助目標を言語的に明確にしたとしても、それはごく限られたものにならざるをえないし、目標じたいが時間の経過とともに変化していく。最初にそのような目標をクライエントに告げると、言葉のもつ限定作用によって、援助過程の自然な流れやふくらみを乏しくしてしまう可能性もある。心理的援助に携わる者として、どのクライエントに対しても目標にするのは「少しでも毎日を生きるのが楽になるように」「その人らしく生きられるように」「心の居場所が得られるように」ということであろう。そのためにまず、援助者と過ごす時空間が、クライエントにとって安心できるものになるように心がける。安心感を贈るには、専門的知識と経験に支えられた言葉だけでなく、援助者の安定と受容的な態度が重要である。

　主訴をしっかりと把握し、主訴の変化に注目しておくことは重要であるが、たいていの援助者は、主訴のみに注意を限定せず、目標も狭く限定せず、一人の人としてクライエントの生活がゆとりと広

がりをもっていくことを目指しているのではないだろうか。実際にクライエントの変化は、日常的なエピソードの些細な一つ一つに現われることが多く、これを見逃さないことが大切である。主観的には、精神的なゆとりと自由な感じが増えたと体験されるだろう。変化はある日、目に見えて現われるが、それまでの期間、援助者はさまざまな工夫をしつつも、忍耐強く待つことが必要である。

　また、心理的な問題の場合、援助目標を掲げたとしても、具体的な方法が示されないのならば、クライエントは目標に向かって何をどう努力すればいいのかわからないだろう。その意味で、具体的な方法が示されなければならない。

　初回面接においては、問題の全体像の理解と説明、その解決に向けての援助方針と見通しを伝える。あるいは、さしあたっての助言をして、それで様子を見て、その経過を次回に報告してもらう約束をする。これは、二人で協力して問題の解決に取り組んでいくという「共同作業性」〔滝川, 1998〕の言明である。鈴木〔2003〕が述べるように、「治療契約」という言葉は、その語感から誤解を招きやすいが、実際にしていることは関係性の確認なのである。そして、来談を決意するのはクライエント自身であることを忘れてはならない。心理的援助の効果には限界があるが、たとえ微々たる貢献であっても、クライエントが意味を感じ、続けたいと思えば、心理面接は成立する。

　初回面接の最後に、継続面接が望ましい場合にはその旨を提案し、枠組みを設定し、次回の日時の約束をして別れることになる。心理的援助の枠組みは、援助の経過によって柔軟に修正するべきものである。援助効果が見られないとか、クライエントの行動化が頻発するときには、枠組みの設定が適切かどうかを吟味する必要がある。さしあたっては、クライエントへの援助効果を考えて必要な頻度と、クライエントの現実的事情（および援助者の現実的事情）とを総合的に考慮して、クライエントにとって時間的にも経済的にも無理のない設定にすることが望ましい。次回の約束をしたのに、当日になってクライエントが来ない場合には、初回面接が失敗していた可能性が高いと考えられる。

　心理臨床において田嶌〔2001〕は、欧米の文化からきた「治療契約」

の有用性を認めながらも、ネットワークやコミュニティという視点が必要な福祉心理臨床や、相談意欲のない人に関わる心理臨床においては不十分であること、さらに言えば日本の臨床には不十分であることを指摘している。それを補うのは「縁」という概念であり、「(自分がここでこの人に関わることになったのは) これもなにかの縁」「(この人と) 縁があった」「袖すりあうも他生の縁」といった捉え方であるという。援助においては「時の運」が必要と言われることが少なくないのも、このようなめぐり合わせが実際の援助においては大きな要因となることが、経験的に知られているからであろう。

　さらに、援助の対象や現場によっても、「契約」という考えがなじまない場合がある。たとえばスクールカウンセリングや学生相談などの場合、治療契約などと大上段にかまえるのではなく、学生生活をさりげなくサポートすることが求められる。学生が、援助を必要とするときに来て、必要でなくなればいつのまにか来なくなるという、始まりと終わりが明瞭でない会い方が少なくないだろう。

　心理検査をする場合には、その目的と方法を明確に説明したうえで行う必要がある。必ずしも必要性が感じられないのに、ルーティーンのように心理検査を行うのは、問題である。また、侵襲性の高い特殊な技法を用いる場合には、なぜその技法を用いる必要があるのかを説明したうえで同意を得なければならない。援助者は、自分が得意とする、あるいは慣れ親しんだ技法を、安易に用いる傾向があるので、注意を要する。

　しかし一般的なカウンセリングのように、ごく日常的で無難な援助をする場合には、インフォームドコンセントを得るという考え方じたい、クライエントにはピンとこないのではないだろうか。厳密な契約をしなければならないとしたら、少しの援助で立ち直れる人でも、援助を受けることに抵抗を感じるだろう。心理的援助が広範な領域の問題を扱うようになった現在、援助はクライエントにとって利用しやすいことが望ましい。

守秘義務について

　臨床家には守秘義務があり、守秘義務を守るのは当然のことである。しかし、面接場面で話されたことの秘密を守るということを、初回に伝える必要があるかどうかは、臨床的観点から議論の分かれるところである。たとえば医療機関や弁護士を訪ねたとき、そこで話された内容については守秘義務が当然課せられていると誰もが考えるだろう。そのことについてわざわざ言明されたら、伝えかたにもよるだろうが、かえって違和感と不信感をもつこともありうる。このことは、前述したように、言語で明確化しすぎることが日本の文化には馴染まないこととも関連している。

　子どものプレイセラピーにおいても、大人の面接の原則をそのまま適用して、秘密を守る旨を伝えるセラピストがいる。しかし、第一に、子どもの発達年齢を考慮する必要があろう。たいていの子どもは、急にそんなことを言われたら、親との関係に亀裂が入ったように感じて戸惑うのではないだろうか。よほど親に秘密にしたいことをもっている場合は別として、実際には子どもが、自分がプレイルームでつくった作品を親に見せたいと言うことや、自分の話した内容を親に伝えてほしいとい言う場合があり、セラピストが親子の間をつなぐ役割を担うことが援助効果をもつことがある。また、日常子どもが過ごしている場である学校の教師などと、連携をとることが必要になることも多い。このように、子どもへの心理的援助を有効にすすめるためには、親や教師にある程度、経過を伝えなければならないことが多く、援助者はそのつど、何をどの程度伝えるかの微妙な判断をしなければならない。

　したがって、子どもへの援助の実際を考えるとき、秘密を守る旨を子どもに初回から伝えることは、難しい問題を含んでいることを考慮する必要がある。本当に秘密にしたいことがある場合には、子どもの方から、話す前に念を押してくることが多い。それ以外の場合、子どもが秘密についてことさら意識していることは少ないし、

意識している場合には、子どもに対する援助者の誠実な態度から、秘密が守られているものと信頼されていることが多いように思う。

　成田〔2003〕は、大人の精神分析的精神療法について述べているなかで、基本的枠組みとして守秘があり、「ここでお話になることは、あなたの同意がない限り、誰にももらしません」と告げるという。しかし成田は、初回に必ずどの患者にも伝えるかどうかは議論の余地があるとしている。守秘はごく当然のこととしてわざわざ言葉にしなくてよい場合があり、患者が守秘について不安を表明したり、治療者がそれについて説明しなければならないと感じることじたいが、患者の不安や不信の強さ、病態水準の低さを示していることが多いという。

　個人契約の場合には、守秘義務について最初の契約の段階で明らかにしておくことが必要であろう。援助機関のなかで個別面接をおこなう場合には、臨床心理士の職業倫理として守秘義務があることを、援助機関として明文化しておくことが重要である。

　そのような状況での個別の援助関係においては、守秘について最初に説明するという形式的なことよりも、クライエントから信頼を得られるかどうかが重要である。実際には、秘密を守るとわざわざ言わなくても、クライエントはそれを当然のこととして援助者を信頼して話すことのほうが多い。また、援助が始まった後では、援助者が秘密を守っているという事実そのものが、クライエントに安心感を贈る。

　守秘義務については、援助の現場によって、難しい問題がある。

　チーム援助の場合には、援助を有効に進めるために、援助スタッフ間での情報の共有が必要になる。スクールカウンセラーの場合には、学校教育の一端を担っている立場であるから、教職員との情報の共有があるていど必要になる。ここで守秘義務を強調しすぎると、かえって生徒にとって有益な援助ができなくなることもあり、学校組織が全体として守秘義務をもつという「集団守秘義務」という概念で説明されることがある。産業カウンセラーの場合も、会社・組織と契約して相談を実施するのであれば、職場には安全配慮

義務があるため、知り得た情報を必要部署に伝える必要が生じることがある。基本的にはクライエントの了承を得ることが必要であるが、どのような内容をどの人に伝えるのか、そのつど慎重に判断することが求められるだろう。そのさいに重要なのは、クライエントの利益を第一に考えるという援助者の姿勢と、クライエントからの信頼である。

おわりに

初回面接は、その後の共同作業のためのスタートラインに立てるかどうかの岐路になる。クライエントにとって、時間と労力をむだにしただけのすれ違いに終わったり、心が弱っているクライエントにさらにダメージを与えることのないよう、臨床家には慎重な配慮が求められる。

初回からクライエントが大粒の涙を流しながら語り、面接者との間で無意識的な次元まで含めた関係が生じていると感じられることがある。このような関係は、面接者の専門家としての意識的な対応や努力を超えて、**すでに生じてしまっている**。人と人との出会いとはそういうものであり、面接者の人間性も大きく関与している。初回面接において、クライエントは臨床家の専門性だけでなく人間性も見ていることを忘れてはならない。

聴くときには、節度が求められる。クライエントに伝わるのは、言葉の内容だけでなく、臨床家としての「もっと全体的なもの」〔滝川, 1998〕である。

文　献

青木省三〔2001〕「初回面接で必要な精神医学的知識」『臨床心理学』1(3)、304-309。
青木省三〔2003〕「一回で終わりの面接と終わりのない面接」『こころの科学』110、

90-94。
土居健郎〔1996〕「『見立て』の問題性」『精神療法』22(2)、118-124。
平井孝男〔2008〕『難事例と絶望感の治療ポイント』創元社。
星野一正〔1991〕『医療の倫理』岩波新書。
伊藤良子〔1991〕「初回面接」三好暁光・氏原寛編『臨床心理学2（アセスメント）』創元社、99-122。
神田橋條治〔1984〕『精神科診断面接のコツ』岩崎学術出版社。
熊倉伸宏〔1994〕『臨床人間学』新興医学出版社。
Leikin, S.L.〔1983〕Minor's assent or dissent to medical treatment. *Journal of Pediatrics*, 102, 169-176.
村瀬嘉代子〔1996〕『子どもの心に出会うとき』金剛出版。
村瀬嘉代子〔2003〕「統合的アプローチ——個別的にして多面的アプローチ」『臨床心理学』3(5)、659-665。
村瀬嘉代子〔2003〕「心理的援助と生活を支える視点」『臨床心理学』4(2)、161-166。
森岡恭彦〔1994〕『インフォームド・コンセント』NHKブックス。
中井久夫〔1982〕『精神科治療の覚書』日本評論社。
中井久夫〔2000〕『分裂病の回復と養生』星和書店。
中井久夫〔2007〕『こんなとき私はどうしてきたか』医学書院。
中安信夫〔2007〕『精神科臨床を始める人のために——精神科臨床診断の方法』星和書店。
成田善弘〔2003〕『精神療法家の仕事』金剛出版。
日本医師会生命倫理懇談会〔1990〕「説明と同意」についての報告。
日本臨床心理士会〔2005〕パンフレットより。
斎藤久美子〔1996〕「『初回』時面接の意義と難しさ」『精神療法』22(2)、137-145。
鈴木啓嗣〔2003〕「心理的援助の専門化について」『こころの科学』110、106-112。
田嶌誠一〔2001〕「事例研究の視点——ネットワークとコミュニティ」『臨床心理学』1(1)、67-75。
田嶌誠一〔2003〕「臨床心理行為の現状と課題」氏原寛・田嶌誠一編『臨床心理行為』創元社、242-269。
高岡健・井川典克〔2002〕「子どもの人権」山崎晃資ほか編『現代児童精神医学』永井書店、521-526。
滝川一廣〔1998〕「精神療法とはなにか」星野弘ほか編『治療のテルモピュライ——中井久夫の仕事を考え直す』星和書店、37-79。
谷田憲俊〔2006〕『インフォームド・コンセント——その誤解・曲解・正解』NPO法人医薬ビジランスセンター。
山中康裕〔2001〕「初回面接において目指すもの」『臨床心理学』1(3)、291-297。
山中康裕〔2003〕「臨床心理行為とは何か——精神科医の立場から考える」氏原寛・田嶌誠一編『臨床心理行為』創元社、160-170。

Chapter 2

心理療法の枠組み
―― いかに続けていくか ――

はじめに

　心理療法は一定の《枠組み》のもとで進められる。具体的には、場所、時間、頻度、料金などを恒常的に定めることがもたらす「安定感」が、治療的効果をもつ。
　セラピストのなかには、このような《枠組み》の意味を考えることもなく、修正や変更が必要なときにもただやみくもに守ろうとする人がいる。その場合、原理を理解せずに公式を応用する人に似て、誤った応用のしかたをする危険が常にある。逆に、《枠組み》についてまったく思慮のないセラピストは、そのことがもつ非治療的効果を自覚する必要があるだろう。時に、《枠組み》に関してクライエントの希望にのみ従っているセラピストがいるが、枠組みの設定は主としてセラピストの仕事であり、そこに専門性が求められる。
　《枠組み》は何のために必要なのか、その意味を理解することが重要である。そこで本章では、心理療法における《枠組み》の意味と具体的な設定のあり方について考察したい。
　《枠組み》について、精神分析学派では、Ekstein〔1952〕が「構造 *structure*」という概念を提出して以来、「治療構造」という言葉が一般的に用いられている。小此木〔1981〕は「治療構造」を治療関係の「交渉様式」として定義し、治療構造論を発展させた。「構造」という語は、たとえば建物の構造のように、物理的・固定的な語感をもつと考えるため、以下では他の論考からの引用を除いて、心理療法の《枠組み》という語を用いることにする。

枠組みはどのような意味をもつのか

　小此木〔1990〕は、面接構造を面接者とクライエントの「交流を規定する様々な要因と条件が構造化されたもの」として、次の三つの要因に分けている。第一は、面接の時間や頻度、場所などのように

面接者が意図的に設定する要因、第二は、各々の職場特有の物理的・制度的な制約というあらかじめ与えられている要因、第三は、面接者の服装や調度品、面接室外の諸条件など、クライエントの心的リアリティのなかで形成される要因である。

山本〔1998〕によれば、面接構造とは面接関係やコミュニケーションの在り方を規定する「恒常的なルールや要因」を指すが、恒常的というのは「個々の面接にとっての恒常的な条件であって、すべての面接に共通した枠組みという意味ではない」。面接構造は「個々の事例の特性と経過に応じて柔軟に設定される」。

「面接構造のもつ恒常性は、一般的には安心感の拠り所として機能するが、常にそうであるとはいえない。つまり枠組みに『抱えられ、守られて』意味のある相互関係が促進されるという側面と、逆にそれに『阻まれ、縛られて』相互関係が阻害されてしまうという側面がある」。「枠組みを明確に設けることはクライエントに『制限』を課すことになり病理的な退行を阻止する機能をもつ。それと同時に面接者の安全感が脅威にさらされるのを防ぐ。面接者の安全感が脅かされないことが結果としてクライエントにも大いに役立つ。……なぜなら面接者自身の安全感の保証は、面接での有効な関わりのベースとなるからである。だからクライエントの発達と病理の水準を考慮したうえで、面接者が最も有効に機能できる枠組みを設定すべきである。その意味で面接構造の設定の詳細は面接者の個性によってかなり異なる」〔山本, 1998〕。

このように《枠組み》は両義的に作用しうるが、《枠組み》を設定することの意義は、恒常性によってクライエントに安心感を与えること、セラピストの安全感を保証することによりセラピストの有効な関わりを可能にすることである。セラピストはクライエントに利益をもたらすために、援助効果の観点から、個々の事例に応じて枠組みを設定するのである。

《枠組み》の設定においては、クライエントの発達と病理の水準、セラピストの個性と力量、援助機関の条件などを考慮する。援助過程において、初期の設定が適切であったか、現在の状況においても適切であるかどうかを常に吟味するべきであり、必要に応じて柔軟

に修正することが望まれる。このような判断が可能になるには、相当な臨床経験が必要であろう。

　また、時によって、《枠組み》をあえて破ることが治療効果をもつことがある。
　村瀬〔2001〕は、面接の構造や制限は「治療者を護り、(自らを護ることができてこそ、相手を護れるので) 治療過程を安定させる目的のものである。治療者自身が自分のおかれた状況や、力量、機関の特性についてもつ自覚や、内面の安定性の如何によって、構造をこえる意味が変わる」という。
　村瀬〔1995〕は、治療構造とそれをこえることの意味について、以下のように述べている。「治療構造、制限設定とは、治療者 – 患者関係の安定を保証し、過程の進行を促進する目的で工夫されているものであり、それは当然治療目標に沿った合理的なものでなくてはならない。治療構造、制限をただひたすら当然のこととして安易に守るのでなく、個々の患者の治療目標、そのときの状況に合わせて、制限のもつ本質的意味を問い直し、制限をあえてこえるということによって生じる構造規定的な緊張関係の中から、予期しない新たな治療的展開が生ずる場合もある。治療者が制限のもつ本質的な意味をしっかり承知しながらあえてそれを破って生ききろうとする気迫と覚悟、またそうした姿勢を支える知見と洞察力があるとき、自然と人為のせめぎあいの中から、患者の中に潜んでいた可能性が、劇的に現実化され、発展の方向性をもったエネルギーとして表出してくる」。
　河合〔1986〕も、心理療法において「面接の場所・時間・料金を厳しく設定することにより、内面的にはより自由度の高い状況を作り出す」こと、「このような限界を守ることによって、治療者が限界をそなえた一人の人間であり、聖職者でもなく、ましてや絶対者などではあり得ないことを、クライエントに明らかにする利点をもつ」ことを指摘している。しかしそのうえで、「原則を破ることによってこそ治療関係が保たれたり、好転したりすることがある」と述べている。さらに、日本の文化は西洋に比して母性優位であるた

め、原則を守ることが困難であったり、原則破りが必要となる度合いが多く、「あるときには、あえて母性優位の態度をとり、原則を破ることが必要となるのである。ただこのときはそのような判断と決意を伴うことが必要であり、無原則的な母性的態度はむしろ有害となる」という。

このような母性優位の文化的特性とともに、クライエントの発達段階への考慮も必要となる。たとえば対面での言語表現が困難な思春期のクライエントの治療を進めるにあたっては、厳密な《枠組み》に固執するよりも、補助的な手段として電話や手紙、メールを併用するなど、より柔軟な枠組みが必要であろう。村瀬〔2001〕も「子どもの心理療法の場合、時には制限を破って柔軟にふるまわなければならないが、この場合、治療の展開を支える内的な枠として大切なのが治療者の自覚である。治療者は自己のうちに生起してくるさまざまな心のうごきをよいことも否定的なこともすべてありのままにみつめ、その意味を考えていくことが、治療を展開させていく要因となる」と述べている。

また村瀬〔2001〕は「障害や問題が急を要し、家族だけでは青年本人を連れ出せない場合や、状況があまりにも硬直化していて、何か軽い一石を投じ、澱んだ状況変化のための契機が望まれる場合の訪問面接など、あえて面接の基本構造を越える行為はそれだけの効果をもたらす。しかし、それがあまりの個人的熱意や好意に偏ると、長続きしなかったり、期待通りの反応が得られない時、治療者に陰性感情をもたらす要因ともなる」と指摘している。

《枠組み》を無原則的に安易に変えることは、治療関係における恒常性・安定性を損なうので良くない。しかし《枠組み》の意味を充分に理解し、慎重に考慮したうえで、治療過程においてあえてそれを破ることによって治療的展開が見られることがある。その場合には、治療者の「気迫と覚悟」「知見と洞察力」〔村瀬, 1995〕、内的な枠としての治療者の「自覚」〔村瀬, 2001〕、あえて母性優位の態度をとる「判断と決意」〔河合, 1986〕が必要とされる。

しかし、このような主張が、熟練した心理療法家によってなされ

ていることに注目する必要がある。《枠組み》の設定といえば心理療法の「外的な枠組み」が問題にされるが、もっと重要なのが「内的な枠組み」としてのセラピストの**安定**であり、両者を総合したものがクライエントを守り抱える枠組みとなる。

「内的な枠組み」は、セラピストの専門性と人間性の両方から影響を受ける。専門性としては、病理や治療過程への理解であり、それらはセラピストとしての知識と経験から得られる。人間性としては、さまざまな事態に対して、過度に不安になることなく冷静に状況を分析し対応する力であろう。このように「内的な枠組み」が安定しているセラピストは、むしろ「外的な枠組み」に関して柔軟な態度をとっていることが多い。逆に、「内的な枠組み」が弱いセラピストほど、自分自身の安全感を保障するために「外的な枠組み」に固執する傾向があると思われる。理論的に「構造」をことのほか厳しく主張するセラピストが、臨床の実際においては面接時間にルーズであったり、治療関係において境界が弱く、巻き込まれやすい、あるいは逆に誘惑的である、といった反転現象が見られる。

最適の《枠組み》はセラピストの個性と力量によって異なることを、認識することが重要である。

枠組みをどのように設定するか

《枠組み》の具体的な取り決めとして、面接の場所・時間・頻度・料金などがあげられる。

(1) 場　所

援助機関を訪れるクライエントに対しては、原則として常に同じ部屋を用いる。しかし初期の設定は固定的なものではなく、発達的変化や治療的展開に応じて、柔軟に考えることが望ましい。

子どもに長期的に関わる場合、発達的変化に応じて、幼い子ども向けのプレイルームからより発達段階の進んだ子ども向けのプレイルームに変えたり、プレイルームから面接室に変えるなどの配慮が

必要である。また、こまごまとした遊びばかりしていた子どもが、セラピーの進展とともにより大胆で原初的な遊びを表現として必要とした場合に、水と砂場のあるプレイルームに変えることもある。要するに、ある時期においては恒常的であるが、治療的展開に応じて、そのつど自己表現の場としてもっともふさわしい場所を考えていけばよい。

河合〔1986〕は、限定された空間によって治療者が守られているからこそ、クライエントの内界に接することが可能であり、またクライエントの内界のはたらきが豊かに表出されると述べている。しかし、たとえば発達障害児への療育や、被虐待児への日常場面での関わりに治療的意味を見いだせるとき、「面接室という閉じられた空間で内界を表出させる」という設定にこだわる必要はないだろう。

スクールカウンセリングでは、廊下や昇降口や体育館などで、柔軟に相談活動がおこなわれている。また、不登校児やひきこもり青年への「訪問面接」が成果をあげており、面接の場は面接室の中に限らなくなった。外を散歩しながら話すような場合もある。従来のように、来談動機がある人、あるいは来談できる人だけを対象とする考え方では対応できない事例がふえていると思われる。

援助機関や事例の特性に応じて場所を考えるべきであるが、とくに継続面接の場合に重要なのは、クライエントに与える恒常性と安定性、そして援助者がいかに安定して面接を行えるかである。たとえば外で周りの人の目を気にして話に集中できなかったり、クライエントを保護しきれないような場合、そのことじたいが非治療的である。

東山〔2002〕は、知的障害児や自閉症児の治療において、プレイルームの外でプレイセラピーをすることがあると述べており、「彼らは日常の体験が健常児のそれより狭い。セラピストが自由にさせて、遊んでくれるのがわかると、日ごろ抑えられていた好奇心が溢れてくる。好奇心はプレイルームの中よりも、外の世界の方がよほど満たされるので、プレイルームの外へ行きたがった子どもが多かった」という。

村瀬〔1995〕も、八歳の少女とのプレイセラピーにおいて、人工的

でアレンジメントの匂う部屋より、手を加えられていない隣の林の方がなじめるのではないかという判断から、二人で林に行ってプレイセラピーを行った事例をあげている。

　これらの事例では、プレイルームのそばに空き地や林などがあり、セラピストがクライエントを守れるという判断のもとで、部屋の外でプレイセラピーが行われ治療的成果をあげている。

　したがって、クライエントの当面の援助目標や発達課題に照らして自己表現の場として適しているか、援助者がクライエントに「自由にして保護された空間」を提供できるかの二点を基準にして、場所についてもそのつどの判断が求められる。

(2) 時間と頻度

　面接の時間と頻度は、日本では週一回か二回で、一回あたり50分が一般的である。Weinberg〔1984〕によれば、アメリカでも一般的に60分以下であり、多くは50分であるが、これは一時間ごとに予約を入れて治療者が休憩をとれるという恣意的な設定であり、この時間であることに特別な根拠はないという。

　一丸・上地・鈴木〔1998〕は、入院中のクライエントには週二～三回の面接が適切であることもあり、遠隔地で二週に一回しかできない場合には面接時間を長くしたりしているという。また、クライエントの状態やパーソナリティ傾向によっても適切な頻度と時間を考えねばならず、統合失調症患者のなかには50分では長すぎて耐えられない人もおり週二回20分がよいこと、強迫症や抑うつ状態のクライエントではウォーミングアップに時間がかかるので60～70分を必要とすることもあると述べている。

　入院治療の場合には、入院という条件を活用して関わることが可能であるため、頻度をふやすことで効果をあげる場合がある。外来の場合、クライエント自身が抱えきれないほど苦しみが大きいときには、頻度をふやさないとクライエントを支えられないだろう。週一回の治療では状態の改善が見られない場合に、面接内容だけでなく頻度と時間の設定が適切であるかどうかを吟味する必要がある。本来は週に二～三回必要であるのに、物理的・時間的理由で来られ

ない場合、一回あたりの時間を長くしたり、途中に電話面接を入れるなどの工夫をすることもある。

　頻度の問題は、現実的には料金の問題と関連してくるが、たとえば病院で保険診療の枠内でこれらの治療をおこなう場合には、料金が問題になることはあまりないと思われる。また、大学の相談室などでは、週あたりの頻度がふえると割引をするなどの料金設定が可能である。

　援助者が勤務している機関でどの程度の援助ができるかという条件、援助者自身がどの程度援助に関われるかという条件、そして最も重要なことであるが、クライエントの病理や発達の水準から見た必要性と、クライエントの現実的条件によって、援助者が最適の時間と頻度を判断し、それを提示してクライエントと話し合って合意を得るべきである。また、援助の経過とともに、状態が悪化すれば頻度をふやし、改善すれば頻度を減らしたり、終結に向けて徐々に頻度をへらしていくなど、頻度の設定も柔軟に考えていくことが望ましい。

　衣笠〔1990〕は、精神分析の立場から治療回数の増加について考察し、日本では週一回の治療が慣例になっているが、患者の病態を基準にして治療回数を選択していくことが望ましいと主張している。「一週間あたりの治療回数がふえるほど、各セッションの連続性が出てきて、患者は自己の内界に、連続的に沈潜していくことができる。そうして、治療者と共有する世界も増大し、自分が治療者にしっかりと支持されていることを、現実的に体験することができる。この体験そのものも、大きな治療的な力を持っているものである。けだし、いくらいい母親でも、そばにいない母親は、子どもをうまく育てることは、できない」と述べている。

　週一回50分という設定は、治療的根拠によるというより、慣習的に用いられているものであり、病状から、その枠組みでは充分に支えきれないクライエントに対しては頻度をふやすべきである。回数がふえることの利点として、衣笠が述べているように、治療者と共有する世界が増大し「治療者にしっかりと支持されている」ということを体験できるため、不安と緊張の高いクライエントに与える

安心感は大きいと考えられる。さらに、幻想的な転移を長く持続させず、援助者がより現実的で日常的な存在になることにより、クライエントを安定的に支えることができる。

　これに対して、一週間あるいは二週間という間隔があくことで、クライエントは考えを心のなかで熟成させることができ、それが心理的変化にとって重要であるという見解がある。この見解は、一般論としては妥当であろうが、クライエントの病態に応じて考えることが必要である。セラピストのイメージを内在化できなかったり、考えを内界に保持しにくいクライエントに対してそのような設定をすると、行動化や病状の悪化が見られることがある。その際、内面にばかり注目して解釈するよりも、頻度と時間について再検討する方が、有益ではないだろうか。

　頻度が少なすぎることへの不満、つまり「もっと回数をふやしてほしい」という要求は、クライエントからは直接言いにくいことであろう。実際に、セラピストがそれに対して不快や圧迫感、脅威を感じることもありうる。それに対して、「もっと少なくしてほしい」あるいは「少なくても大丈夫」ということは、言いやすいと思われる。状態が改善してきて社会適応がよくなると、社会的な活動への参加のためにクライエントが回数をへらすことを提案してくるのは、よくあることであり、これはセラピストにとっても喜ばしいことだからである。

　面接と面接のあいだに自殺などの危険な事態が予想される場合にも、枠組みにこだわりすぎると失敗するだろう。下坂〔2002〕は「家庭内暴力、大量服薬、自殺企図といった行動化の出来（しゅったい）が予想される患者とその家族については、自宅の電話、ときには携帯電話の番号を治療者が伝えておくことは当然の義務である」と述べている。下坂によれば、今日の心理療法は「救急援助」の性格を帯びざるを得ないのだが、「時間外の対人援助」を遮断してしまえばそれがわからなくなるという。このように、危険が予想されるクライエントを引き受けている治療機関では、緊急の連絡先を伝える必要がある。

　面接と面接のあいだをもちこたえることが難しいクライエントに対しては、頻度をふやすことを考える。クライエントの状態が安定

するにつれて、時間外に電話がかかってくる回数がへり、面接の枠におさまるようになっていく。心理臨床家は、それが緊急事態での対応であるという認識をもち、たえず枠組みの安定化を目指して努力していくべきであろう。

(3) 料　金

心理療法が効果を上げるためには料金を支払うことが必須条件かどうかは、議論の分かれるところであり、一定の結論は得られていない〔一丸・上地・鈴木, 1998〕。

河合〔1986〕は「聖職者ではない心理療法家が、その面接時間に必要な緊張をうるためには、場所および時間の限定に加えて、一定の料金の徴収を行わねばならない。面接の時間は『聖なる時間』ではないが、ことばの本来的な意味において『職業的な時間』であることを、治療者、クライエントともに明確に意識するために、料金徴収が行われる」と述べている。東山〔2002〕も、心理療法は「心の専門家が行う必要性のある高度な仕事」であるから、料金を払うのは当然であるとしている。

どのような専門職であっても、職業として専門的な知識と技術を提供すれば、それに対する報酬を得るのは当然である。

しかし学校、公的な相談機関や、福祉の現場では無料で心理的援助を行い、クライエントからは料金を徴収しないが、援助者は勤務機関から給料として報酬を受けている。このように料金をクライエントから直接受けとらない場合でも、専門家としての意識が希薄になることは少ないと思われる。

料金の支払いが問題になるのは、主として個人開業のように心理療法を主な収入源とする場合や、クリニックなどでかなり高い料金を設定している場合だろう。クライエントにとって適正な料金が設定されている場合には、料金が問題になることは少ないと思われる。

しかし適正な料金については、問題が複雑である。松田〔1992〕は、開業精神科医として健康保険診療部門とともに自費診療費枠の精神療法部門を開設した経験から、適正料金について次のように述べている。適正料金とは治療者側からすれば「健全な経営の維持を可能

にする価格」であるが、それでは払える人は減少するという。松田は「自費診療にて払える層の浅さも実感している。学童期や思春期の被治療者の両親は年代的に支払能力が高くないし、青年期の患者も同じで自費料金は平均的な家庭の資力をかなり上回る。自費払いのシステムもそれなりの望ましい場合も少なくないが、受診の機会均等の理念に苦痛を感じる」と述べている。このように自費診療や個人開業における料金設定は、一般の生活感覚からすると高く感じられる額であり、支払える層はかなり限られたものになる。

Weinberg〔1996〕は、個人開業で治療をするのは治療者の生活を立てるためであり、治療費を受け取るのは治療者のためであって患者のためではないという事実を、治療者は認識しなければならないという。誰にとっても適切な料金などないとし、メニンガーが述べたように「高額な治療費を払うことによって患者は自分が得た洞察について感謝するので、高額な治療費を払うのは患者にとって有益だ」という考えは、高額な治療費を請求することへの合理化にすぎないと述べている。また、「治療者が高額な料金を払って教育分析を受けているのだから、高額な治療費を請求しても当然だ」とする考えも、料金設定の基準にはならないという。

実際には、個人開業における料金設定は、まず治療者の生活が成り立つように、また治療者が受けてきた訓練で支払った額を基準にして、定められていることが多いだろう。これがクライエントにとって適正な金額であるかどうかが問題である。

クライエントの立場から見た、料金を支払うことの意義についての考察もある。河合〔1986〕は、料金を払うことによって、クライエントは気がねすることなく自分の意志や感情を治療者に表現できるという。東山〔2002〕によれば、お金を払うことでクライエントはセラピストに負い目をもたず心理的に対等になれるのであり、負い目があると依存的になり、心の問題の本質を自分で解決しようとする責任を負わなくなるという。

しかし、無料の相談機関や、福祉によって治療が無料になっている場合のように、制度として無料であることを保証されている場合には、上記のようなことは生じにくいと思われる。それは、無料で

あることが直接セラピストに不利益をもたらさないことが、クライエントにも理解できるからである。経済的困窮のなかにある人や、治療が長期にわたる障害をもつ人の場合には、むしろ無料で治療を受けられることに感謝していることが多く、無料であることが治療の妨げになるとは必ずしも言えない。

　一方、個人契約の治療であって、他の人には高額の設定であるのに、自分だけが無料あるいは安価にしてもらっている場合に、クライエントに気がねや負い目が生じやすいだろう。また、セラピストの側にも、「自分の提供した職業的サービスに対して、当然受け取るべきものを受け取っていない」という不当性の意識から、クライエントに対する否定的感情が生じやすくなる。実際に、料金の支払いが治療に不可欠であると主張している人には、個人契約で治療を行っている人が多いように思われる。

　専門家であることは、個人開業をして直接クライエントから料金を徴収することだけを意味しないことは、他の専門職を見ても明らかである。高い料金をとっていることをプロの証明あるいは自分の実力の証明であるかのように自慢げに語る治療者を見かけると、心理療法家としての基本的態度に疑問を感じる。医療費の患者負担がふえ、医療の機会均等が保証されなくなることには異議を唱えても、自分の要求する料金の高さは正当化するのならば、そこに分裂の機制がはたらいていると考えられる。

　料金の適正性について問題にするのであれば、無料であることの否定的側面だけでなく、高い料金を徴収することの否定的側面をも考察せねばならない。高い料金を払っていることが、クライエントに自己愛的満足を与え、治療過程に悪影響を与えることもあるだろう。個人開業の治療者は、生活がかかってくることにより、余分な働きかけや長期の関わりをするなどの誘惑にさらされやすく、クライエントへの迎合が生じやすくなると考えられる。

　また、クライエントとのあいだで、お金の支払いをめぐる葛藤が生じやすくなる〔栗原, 1992〕。精神的苦痛をかかえているクライエントにとって、お金のことでセラピストともめるなどということは、できるならば避けたいことである。日本の文化におけるお金のあつ

かいから考えても、話題にしにくいことであろう。北山〔1992〕は、金銭には「汚い」「現金な」「生臭い」という嫌悪感がついてまわり、この「汚い」という意味が貨幣の取り扱いを困難にしていると述べている。

　高い料金を受け取れば、それに相応する専門的技術を提供しなければならないという意識が強くなるという正当化もなされるが、そのことが必ずしも臨床家の技術を高めるわけではなく、不必要な気負いが治療過程を歪ませることもありうる。

おわりに

　援助者は《枠組み》を、個々のクライエントにとって最適なように設定し、治療的変化とともに柔軟に修正すべきである。《枠組み》は、遵守されるものではなく、そのつど**吟味**されるべきものである。

　下山〔2001〕は「治療構造は、内的世界に焦点を合わせる心理療法を遂行するためには、有効な概念であり、方略である。しかし、それは、臨床心理士とクライエントをふたりの世界に閉じ込めてしまい、構造外の社会関係から切り離してしまう危険性がある」と指摘している。さらに、内的世界に焦点を合わせる心理療法は常にどのクライエントにも必要なものではなく、教育的あるいは支持的なアプローチの場合、枠組みはより柔軟に考えられる。

　心理的援助の基本は、そのつど、クライエントにとってどのような関わりが有効であるかを考えることであり、枠組みの設定も、その観点に基づいて柔軟に行わねばならない。

文　献

Ekstein, R.〔1952〕Structural aspect of psychotherapy. *Psychoanalytic Review*, 39, 222-229.

東山紘久〔2002〕『心理療法と臨床心理行為』創元社。
一丸藤太郎・上地雄一郎・鈴木康之〔1998〕「初期面接と心理力動的アセスメント」鑪幹八郎監修『精神分析的心理療法の手引き』誠信書房、60-78。
河合隼雄〔1986〕『心理療法論考』新曜社。
衣笠隆幸〔1990〕「自由連想と治療回数をめぐって」岩崎徹也ほか編『治療構造論』岩崎学術出版社、61-75。
北山修〔1992〕「精神分析から見た治療経済学」『精神療法』18(2)、108-116。
栗原和彦〔1992〕「『お金のやりとり』からみた精神療法関係再考」『精神療法』18(2)、139-145。
松田孝治〔1992〕「適正料金について」『精神療法』18(2)、117-122。
村瀬嘉代子〔1995〕『子どもと大人の心の架け橋』金剛出版。
村瀬嘉代子〔2001〕『子どもと家族への統合的心理療法』金剛出版。
小此木啓吾〔1981〕「精神療法の構造と過程 その一」小此木啓吾ほか編『精神分析セミナー Ⅰ』岩崎学術出版社、1-36。
小此木啓吾〔1990〕「治療構造論序説」岩崎徹也ほか編『治療構造論』岩崎学術出版社。
下坂幸三〔2002〕「対人援助の基礎になるもの」『精神療法』28(4)、449-452。
下山晴彦〔2001〕「引継雑感」『京都大学大学院教育学研究科心理教育相談室紀要』28、8-11。
山本力〔1998〕「心理療法の基本概念の再考」鑪幹八郎監修『精神分析的心理療法の手引き』誠信書房、17-41。
Weinberg, G.〔1996〕*The Heart of Psychotherapy*, St.Mart.n's Griffin. 髙橋祥友監訳〔2001〕『セラピストの仕事』金剛出版。

Chapter *3*

遊戯療法の実際
—— 子どもとのあいだでの具体的問題 ——

はじめに

　《遊戯療法》とは遊びを媒体とする治療法である。したがって、単なる遊びとは異なる。言語化能力の不十分な子どもは、悩みを言葉で語るかわりに、遊びのなかで表現し伝える。セラピストは「自由にして保護された空間」を提供し、信頼関係を築くことによって、子どもの自己表現を促進する。子どもを尊重し、子どものこころに精度よく波長を合わせて共感的に関わることが重要である。子ども自身が主導権をもち、セラピストは誘導せず、自発的な表現をまつ。子どもの自由を保証する一方で、子どもを保護するために、発達と病理水準、障害による特徴を見立てる必要がある。

　子どもの主観的な世界に共に入り内的枠組みから共感的に理解しながらも、冷静に観察して客観的な視点を失わないことが重要であるが、このような「主観性と客観性の両立」は、《遊戯療法》に限らず心理療法全般における基本的態度である。

　また、「専門性と人間性の両立」についても同様である。人として自然に関わっているように見えるが、一つひとつの言葉や対応が実は専門家としての知識や経験に支えられていて、自然に関わりながら子どもの特徴を鋭敏に把握するところに、専門性が求められる。人と関わる仕事においては、人間性が大きく影響する。たとえば、緊張して萎縮している子どもの心をほぐそうとするとき、泣いている子どもを慰めようとするとき、専門家としての経験ももちろん重要であるが、それがなくても、人としての経験によってうまく関われる場合がある。理論にしばられると、かえって子どもの現実を見落としてしまう危険がある。常に子どもの状態を見て関わる柔軟な態度が必要である。

　このように見ると、遊戯療法が主に子どもを対象とし、遊びを媒体とする点以外は、心理療法家としての基本的態度として求められるものに変わりはないことがわかる。

遊戯療法において実際に問題になること

　実際に遊戯療法を行うにあたって、具体的にどうすればいいのか悩むような事態は多いと思われる。初心や中堅の臨床家を指導してきたなかで、私が指針として考えてきたことを以下に述べる。

　(1) 服装や髪型など
　子どもの遊びにつき従っていくために、軽快に動ける服装にする。ズボンなど動きやすい服装で、砂や水遊びで汚れてもいいものにする。落ち着いて清潔感のある服装が望ましい。派手であったり露出度の高い服や、アクセサリーをジャラジャラつけているなど、もってのほかである。髪については、大きな花飾りやリボンをつけたり、時に派手な色に染めている人を見かけるが、個人的な生活における好みは自由だと思うが、心理療法家としては不適切であろう。悩みや障害をかかえる人に会う職業であることを自覚するとき、おのずと、それにふさわしい姿になるのではないだろうか。これらの外見が整っていないセラピストは、それだけで専門家としての信用を得にくくなることを自覚する必要がある。
　クライエントから見て、反感や嫉妬をかうような服装や髪型、濃い化粧などは望ましくない。たとえば、家庭が貧しく自分の外見に自信のもてない思春期の女子に会うときに、女性セラピストがお洒落な化粧や髪飾りをしていると、クライエントは嫉妬を覚え、治療関係が複雑になる可能性がある。
　また、障害特性への配慮も必要である。外的な刺激に影響されやすい発達障害の子どもに会うときに、落ち着きのない騒々しい色と模様の服を着ていたり、嗅覚過敏のある子どもに会うときに香水をつけていたりなど、一般的に考えても望ましくないことであるが、クライエントの障害特性を考えれば当然してはいけないことである。
　そういったすみずみに配慮しているのが真の専門家であり、職業的な倫理観といえる。セラピストは身だしなみにおいても、クライ

エントに安心と安定を与えられるよう心がけねばならない。また、子どもの遊戯療法といっても、ともに来談している親も、セラピストの姿を見て評価していることを忘れてはならない。

(2) あいさつと自己紹介

初めて出会うときには、当然、あいさつと自己紹介をする。毎回のあいさつも、にこやかにしたい。「セラピーは非日常的なものだから、あいさつや自己紹介のような日常的なことはしないのだと思っていた」と言った初心者がいて驚かされたことがある。セラピストには社会的常識が必要であることを強調したい。

(3) どのように導入するか

初回においては、安心感をもってもらえるように関係形成への最大限の配慮をすべきであるが、どのような導入が望ましいだろうか。

山中〔2001〕は「楽しく遊ぼうね」という導入が間違いであることを指摘している。それは、クライエントにとっては「こころが嫌なこと、辛いこと、怒りたくなること、悲しいことなどもろもろの陰性の感情や怒りで充満していることが多いのだから、ひとたび遊戯がはじまると、こうした感情がほとばしり出て、『楽しい』状況など現出せず、もっぱら、辛くしんどい状況が続くことが多い」のに、「楽しく」と冒頭でクギをさされると、クライエントは自然な感情を表出しにくくなるからであるという。セラピストは、このような言葉がもつ限定作用に注意深くあらねばならない。「50分間、この部屋で好きなことをしていいよ」と導入するだけで充分だろう。

初心のセラピストは、単なる遊びとプレイセラピーの区別がつかず、楽しく遊ぶことを目指すことがある。確かに、健康度の高い子どもの場合は、ただ楽しく遊ぶだけでも、遊びじたいがもつ治癒力によって回復しうる。しかし重篤な心理的問題をかかえている子どもの表現する内容が、単に楽しいということはありえない。そばで関わっているセラピストにとっても、苦しくなるような表現が続く。

たとえば被害念慮の強い子どもが、ごっこ遊びのなかで、主人公がどこに行っても他人の悪意による被害にあう場面を延々と表現し

続けることがある。また、親から暴力をふるわれきつく叱られていた子どもが、遊びのなかでは、セラピストの演じる役の人物に対して、威嚇するように暴言を吐き続けるなど、子どもは自分の経験してきた世界を表現する。それこそがセラピーと呼べるものであり、苦しみの表現を受けとめることがセラピストに求められる。

　セラピストが、自分の価値観に基づいて「良い」と思う方向にクライエントを導こうとすると、子どもはセラピストの許容する範囲内でしか表現しなくなり、セラピーは進展しにくくなる。したがって、導入の言葉だけでなく、初回からセラピストの**受容的態度**が重要であることを強調したい。

　一方、「子どもが主導権をもつ」「子どもの自発性に任せる」という原則にしばられて、子どもが緊張して萎縮しているのに、ただ黙って待っているような人がいる。このような場合には、子どもの緊張をほぐすためのはたらきかけを自然におこなえるような**柔軟性**が必要であろう。

(4) 制限を、いつ、どのように伝えるか

　子どものプレイセラピーでは、制限事項をいつ伝えるべきであろうか。

　村瀬〔2001〕は、初回に「時間中、部屋の外へ出ない、飲食はしない、身体攻撃や物を壊さないなどという、セラピストがそのクライエントとの関係で必要だと考える制限事項を伝えておく」としている。しかし初回に制限事項を伝えるべきかどうかは、臨床的な観点から議論の余地があり、Axline〔1947〕は、制限は初回ではなく、必要が生じるまで待ってから伝えた方がよいと述べている。制限が最小限にとどめられ、必要が生じたときにだけ伝えるほうが、治療がスムーズに進むと考えているからである。

　器物破壊や身体的攻撃などへの制限は、Axline〔1947〕の主張するように、クライエントが制限すべきことをした場合に伝えるほうがよいと考えられる。初回、子どもは緊張しており、「セラピストはどんな人か」と不安に思っている。セラピストは子どもに安心感を贈り、子どもの緊張が徐々にほぐれて、自由に遊べるように配慮す

るべきである。

　時間と場所という〈枠組み〉については知らせる必要がある。それは、子どもにも遊びの時間配分があるし、外ではなく「この部屋」で遊ぶことを伝えるべきだからである。

　たいていの子どもは、初回から何のきっかけもなくセラピストに暴力をふるったり、物を壊したりすることはない。まだ不安で緊張している子どもに、制限・禁止事項をあれこれ並べ立てることは、セラピストから信頼されず否定的に見られていると感じさせ、子どもを傷つける危険がある。援助機関を訪れる子どもは、大人への基本的信頼や、「受け入れられている」という安心感に欠けていることが多いので、最初に制限を伝えると、否定的に体験され、不信や反発を招きうる。そのことによって、セラピストとの関係形成を妨げる危険がある。

　また、制限することが必要と感じた場合でも、言葉を選んで伝えるべきである。たとえば「おもちゃをこわしてはいけない」と感情的に禁止の言葉で伝えるのではなく、「おもちゃを大切に使おうね」と穏やかに肯定的な言葉で促すように心がけたい。

　器物破壊、セラピストへの身体的攻撃などが生じた場合には、最初から毅然として禁止すべきである。いったん許容してしまうと、二度目からの禁止がいっそう難しくなるからである。初心者の場合、〈受容〉の意味をはき違えて何でも許容したり、中断への不安のために毅然とした態度をとれないことがある。しかしここでも、**人としての常識的感覚**が重要になる。そのような行為をコントロールできずエスカレートさせることが、子どものためになるとは考えられない。

　セラピストには、子どもを保護する責任がある。子どもが自分でコントロールできないのならば、セラピストがコントロールしてやらねばならない。また、自我の脆弱な子どもの場合、内界を表現しすぎて不安定になることがあるので、この場合も表現を制止する必要がある。セラピストが受け容れ難いような内容の表現に対しても、セラピストが不安になりすぎると子どもを守れないので、制止すべきである。ただし健康度の高い子どもは、セラピストの力量に

合わせて表現を調節してくれることが多い。

　制限を初回に伝えるべきであると書かれた本を読んで、とてもおとなしくて萎縮していた子どもに、初回にいくつもの制限事項を伝えたセラピストがいた。子どもはその後「もう行きたくない」と言った。セラピストはただ本に書かれていることに従っただけで、自分の言動が子どもに与える影響には、思いがいたらなかったのである。

(5) 時間と場所

　時間については、一回あたり50分という設定が多い。特に幼い子どもの場合、終わる5〜10分前には、残り時間が少ないことを伝え、徐々に終わる態勢にもっていくよう配慮する。

　終了時刻について、一分一秒たりとも超えてはいけないと厳密に考え、遊びの途中なのにいきなり終えようとしたセラピストがいて、驚いたことがある。少しぐらい延びても、きりのいい終わり方をすればよい。ただし、後片づけやあいさつの時間も考えて、次に部屋を使う予定の人に迷惑がかからないようにしなければならない。

　特別な理由もないのに遅刻してきた場合は、時間どおりに終わり、遅れた分はセラピーの時間が短くなる。しかし、急な交通事情など、クライエントにとってはいかんともしがたい事情で遅れたときには、柔軟に対応すればよいだろう。

　子どもの場合、退室しぶりがよく見られる。そのようなとき、「決まりだから」と高圧的に言うと、かえって反発や執着を招くことがある。もっと遊びたい子どもの気持ちに共感したうえで、「また次のときに、続きをしようね」とおだやかに話しかけ、子どもの気持ちがおさまるように配慮することが望ましい。

　部屋については、原則として途中退室は認めない。しかし、トイレに行きたいなどの生理現象の場合は、トイレに連れて行くのが常識である。

　また、子どもの場合は、学校の行事や塾の都合、夏休みの行事などのため、通常の日時に来談できないことがある。このようなときは、事情を考慮して、日時を変更してもよい。一度決めた日時は決して動かしてはならないと思い込んでいるセラピストがいるが、子

どもの場合は、成長の過程でさまざまな出来事があるので、それに応じて柔軟に対応するべきである。

　ただし、親に病理的問題があり枠組みを揺り動かすことでセラピストを操作しようとする場合や、虐待を受けた子どもで大人への不信感が強く、急なキャンセルや約束を守らないなど枠組みを揺るがす行為によってセラピストを試そうとする場合には、安易に枠組みの変更に応じてはならない。そうすることは、治療的に有益でないからである。このような判断をするには、親と子どもの病理への的確な見立てが必要である。

　次に、分離不安の強い子どもの場合、部屋の設定をどうすればいいだろうか。

　分離不安の強い幼児の場合、最初は分離せず、母子同室で、子どもからいつも母親の姿が見え、いつでも近づいていける設定にすると、セラピーがスムーズに進むと思われる。セラピーの進展と子ども自身の発達的変化によって、分離が可能になれば分離すればよい。

　幼稚園児や小学生の事例で、母親と別室でセラピーを受けるのが不安なため、最初は母親の面接室に来てしばらく過ごし、それから部屋にある玩具をお守りとして持ってプレイルームに行くことがある。途中で不安になると、母親の部屋に来てしばらく過ごし、またプレイルームに戻る。セラピーの進展とともに、徐々に母親の面接室に来ることが減り、50分間プレイルームで過ごせるようになる。ただし、学期始めなど緊張の高まる時期には、一時的に母親の部屋に戻って来ることもある。このような事例では、母親の部屋に来ることが、子どもにとって不安の緩和とエネルギー補給のために必要であり、治療的意味があると考えられる。したがって、無理に子どもを母親と分離してプレイルームに行かせようとせずに、経過を見守るのがよいだろう。

　要は、原理原則に基づくのではなく、個々の事例の特性と治療過程に応じて、治療的効果の観点から設定を考えればよいのである。「構造を守らねばならない」と本で読んだり指導を受けたセラピストが、必要以上に不安になり、構造に関して柔軟な思考ができなくなっているのは、問題である。このような事態が見られるのは、教

える側にも責任があると思われる。

(6) 来談理由をきくべきか

「初回に必ず、子どもに来談理由をきくべきである」とする考えに基づき、それを実行しているセラピストがいる。しかし、子どもの発達段階、理解力や言語化能力を考慮する必要があるだろう。多くの場合、子どもは自発来談ではなく、親に連れられてきて、自分の問題を意識的にはわかっていない。あるいは漠然とわかっていても、明確に言語化することは自我の安定を脅かす危険がある。そのような子どもに対して、来談理由をきき、問題を明確化することは、治療的な行為だろうか。もともとプレイセラピーは、言語化能力が不十分な子どもにとって遊びが最も適切な表現の媒体であるから行われているのに、初回に言語的明確化を求めるのは、本来の趣旨を理解していないか、あるいは特定の原理原則の子どもへの適用にすぎないと思われる。

子どもの来談理由は、多くの場合、親によって意識的に把握されたものであり、子どものかかえている心理的問題がそれとは異なる場合もある。子どもの心理的問題は、セラピストとの信頼関係が確立されると、プレイセラピーのなかでいずれ表現されるだろう。最初に来談理由をきいたところで、たいていの子どもは言葉につまってうまく答えられないし、緊張を覚えるだけである。たとえ答えたとしても、防衛的あるいは部分的・表層的な内容にすぎないだろう。それによって援助方針が大きく変わってくるとも考えにくい。そうであるならば、来談理由を子どもに問う治療的根拠は見当たらないように思われる。このような形式的対応は関係形成を妨げる危険がある。

ただ、反社会的な問題行動を示す子どもの場合には、来談するまでに、親から叱られるなどの対応をされていることが多いので、子どもにそのことについてどのように考えているか、問うてみてもよいだろう。その際も、子どもが本心を答えるとは限らないため、字義どおりに受けとめない慎重さが求められる。

遊戯療法においては、問題を子どもに表現させることに性急にな

らず、子どものペースを大切にして関わりながら理解を深めていく。心理的問題は、セラピーの進展とともに表現されるから、それをしっかりと受けとめていけばよい。本当の来談理由は、セラピーを終えるときに初めて総合的にわかるのであり、また、それでよいのではないだろうか。セラピストから質問をしなくても、子どもは信頼したセラピストに対してなら、来談理由をおのずと語る、あるいはプレイのなかで表現する。セラピストが無理に聞き出そうとするのではなく、わかってくれそうな人だと感じれば、子どもは伝えたくなる。このことは大人の場合も同様であろう。
　子どもを個人として尊重することは、子どもを小さな大人と見なすことではない。発達段階を理解せずに子どもを理解することはできない。もし自分が子どもならばどのような対応を望むかを、想像してみることは有効である。また親の立場についても、もし自分の子どもがセラピーを受けるとしたら、親としてどういうあり方を望むかを考えてみると、役に立つだろう。問題を子どもに明確に告げられたり、子どもには答えにくいような質問をされることに、親として苦痛を感じないだろうか。もし私が子どものセラピーを託すなら、何となく安心感を与えてくれて、うまく遊びのなかで子どもの表現を促進してくれて、何だかわからないうちに元気になって、気がついたら治っていた、そういうセラピーが理想的であると思う。
　子どもも、それを望むのではないだろうか。子どもは、援助機関に連れて来られたというだけで、「自分はどこか変なのではないか」「他の人と違うのではないか」と、漠然とした不安を感じているだろう。そういう子どもに対して、問題を明確に告げることは、そのときに非治療的であるばかりでなく、長期的な心理的影響を残す危険もあると思われる。
　親に対しては、子どもの状態や援助方針について、的確に説明しなければならないが、子どもに対しては、「この場でこのように過ごすが、続けて来るかどうか」と意思を確認し、約束を交わすことで十分ではないかと思われる。子どもが、プレイセラピーが適切と判断される発達段階にあること、また、プレイセラピーじたいの侵襲性が低く、子ども自身が楽しみにして来るような場であること

が、その理由としてあげられる。

　子どものセラピーを支えるのは、子ども自身の来談意欲であり、実際に多くの子どもが、来るのを楽しみにしている。子どもは、セラピストが自分を理解してくれる人か、信頼できそうな人か、を直観的に見抜く。それは、問題意識と目的をもち、解決に向けて自発的に取り組むという大人の来談動機とは違っているように見える。子どもは、自分のペースを尊重し、自分を理解し、つねに暖かく迎えてくれるセラピストの存在と、自由に表現できる時空間そのものを、楽しみにして来る。子どもは、充分な保護を与えられ、自由に表現し、適切な情緒的応答が得られれば、治療的変化をとげていく。

　セラピストは、治療的変化を客観的に把握しておく必要があるが、それを途中で子どもに伝えることは、必ずしも必要でない。むしろ、よけいな介入はせず、子どもの表現する世界にいっしょに入って、自然な流れにつき従うのがよいと思われる。

　子どもは、セラピーが必要でなくなったときには、友だちと遊ぶほうが楽しいなどと言って、あっさりと去っていく。大人との面接においても、原因となる問題を分析し洞察を得て治ったというより、なぜかわからないが気がついたら治っていたというように語られることが多く、自然な治療的変化とはそういうものであると思う。たとえクライエントが理路整然と何によってよくなったかを語ったとしても、それは事後的解釈に過ぎないこともある。実際に心理的援助が成果をあげるには、多くの人の支えがあり、多くの要因が重なっているのである。

(7) 玩具・本・作品などの持ち込みと持ち帰りについて

　プレイルームは非日常的空間であるべきであるとして、持ち込みを禁止する立場がある。しかし、子どもが自発的に持ち込むものには、象徴的な意味があり、メッセージ性に富むものが多い。私の臨床経験でも、子ども自身が悩んでいることについて、本を持ってきて物語のテーマに託して伝えたり、死の恐怖に脅える子どもが飼っている昆虫を持ってきたことがある。あるいは、日ごろ好んで遊んでいるものを持ってきて、日常どのように孤独とつきあっているの

かを伝えてくれたこともあった。これらを「窓」〔山中, 2000〕として、治療関係を深めることができた。

「窓」とは、クライエントに「固有の表現方法」であり、かれらが目を輝かせ、こころを奪われている媒体である。クライエントの好きなこと、関心をもっていることを尊重し、多くは他者と共有されない孤独な関心であったものに関心を向け、セラピストも生き生きと目を輝かせることが治療的である。このように、持ち込まれるものにはセラピーに役立つものが多くあり、それをどう生かしていくかに、セラピストの力量が試される。セラピストは、クライエントが何を持ち込み、それにはどんな意味があるのかを、そのつど判断するのがよいと思われる。たとえば、日頃しているゲームをプレイルームでもだらだらと続けようとする場合などは、けじめがつかず、治療的意味が感じられないので、禁止するべきである。判断の基準は、あくまでも治療的効果である。

クライエントがもっとも伝えたいことを表現するのに適切な手段が、プレイルームにはないことがある。そのようなときに子どもが持ち込みをすることもあるし、プレイルームで作れるものであれば、セラピストといっしょに作ることもある。

持ち帰りに関しては、何を持ち帰るかによって考える必要がある。プレイルームで共有されている玩具の持ち帰りは、他にも使っている人がいるので禁止せねばならない。しかし、「子どもがなぜ持ち帰りたいのか」を考える必要がある。家族の愛情が不足しているために満たされない隙間を埋めようとして貪欲になり、ものを持ち帰りたがる場合がある。対象恒常性が確立されていないために、セラピストの存在をものによって確かめることを必要とする場合もある。あるいは、発達障害があり社会性が未熟な場合や、衝動コントロールが難しい場合もあるだろう。

原理原則に基づくやみくもな禁止ではなく、場合に応じて、どのような言葉で禁止すればいいのか、充分に考える必要がある。まずは、持ち帰りたい気持ちに共感したうえで、持ち帰ることはできないことを伝えるのがよいだろう。また、対象恒常性の不確かなクライエントには、紙で作ったカードなど、ちょっとしたお守り的なも

のを持ち帰らせることが治療的に有効な時期もある。事例の特質やセラピーの経過に応じて**臨機応変**に対応することが望まれる。

　プレイルームで作った作品は、原則としてセラピストが保管する。しかし、徐々に元気が回復してきた頃に、クライエントが折り紙やお絵かきで作品を作ったり、家族へのカードや手紙を書いたりして、これを持って帰って家族に見せたいと言うことがある。これは、子どものエネルギーが回復し、外に向かって流れ始めたことを示している。子どもはそんな自分を、家族にも知ってほしいのである。このことは喜ぶべき治療的変化であり、禁止する理由はないように思われる。

⑻　後片づけをさせるべきか

　後片づけについては、セラピストによってさまざまな見解がある。自分が使ったものは自分の責任において片づけさせるべきという立場があるが、私は基本的に、50分間は子どもに充分遊ばせ、あとでセラピストが片づけるほうがよいと考えている。

　その理由としてまず、子どもが後片づけを自分ですると考えたら、表現がおのずと制限されることがあげられる。プレイルームでは「自由にして保護された空間」を提供すべきであるのに、自由が保証されなくなるだろう。また、子どもの遊べる時間が50分より減ってしまう。親のしつけが厳しいため、セラピストがしなくてよいと言っても、後片づけにこだわる子どもがいて、その様子から日常生活を伺い知ることができる。そのような子どもでも、セラピーの進展につれて、後片づけにだんだんこだわらなくなるという変化が見られる。

　次に、セラピストが後片づけをすることで、子どもの状態への理解が深まることがある。自閉症児のプレイセラピーで、玩具を無秩序に散らかして後片づけが大変なときには、子ども自身の心理状態が混沌として無秩序に陥っているのであり、刺激を制限して安定させることを考えねばならない。また、山中〔1999〕は、初めの二年間ずっと砂場の砂を一トン近く掘り返すことを繰り返し、セラピストが後でその砂を戻さねばならなかった自閉症児の事例について、こ

れこそがプレイセラピーであり、それだけの重い荷物を彼は背負わされていて、それを受けとってくれる人がいなかったのだが、セラピストが受けとってくれたのだと解釈している。

　重い心の問題をかかえているクライエントは、たとえば箱庭でも、後片づけの大変さを感じさせることがある。強迫傾向をもつクライエントは、細かい玩具をたくさん使って作品を作る。そのあとでセラピストが、砂の中に埋められたり玩具のひきだしの中にしまわれた細々とした玩具を一つずつ片づけるとき、強迫傾向をもつことの大変さを体験する。そこから、クライエントの生きる苦しさを理解できることがある。

　しかし、ADHDの子どものように、注意の転導性が高く、複数の刺激によって注意散漫になりやすい場合には、ひとつの遊びを終えるたびに一緒に後片づけをするなどして、整理や心の切り替えをはかる必要がある。また、不適切な養育を受けて家庭でのしつけが不十分な幼児の場合、しつけをするという観点から後片づけを教えたほうがよいことがある。

　このように、後片づけについても、事例の特性に応じて治療的観点から判断するべきである。一般的に、後片づけについて充分にしつけがされているが、プレイルームではそれをしなくても許されるということを理解できる場合には、後片づけのことを考えずに自由な表現を促すのがいいだろう。

(9) 贈り物にどう対応するか

　母子並行で子どものセラピーをしていると、夏休みや年末などに親から季節の果物や菓子折などをいただくことがある。治療機関によっては、贈り物を全面的に禁止しているところもあるが、そうでなければ、季節のあいさつといった常識的範囲のものであれば、親からの感謝のしるしとして、そのまま受けとればよいと思われる。終結に際して、子どもが世話になったお礼として、親から菓子折などをいただくこともある。

　また、子どもが修学旅行のおみやげなどをくれることがある。あるいは、自分が収集し大切にしているもののなかから一つくれるこ

ともある。この贈り物も、修学旅行のように何らかの発達の節目を示していたり、大切なもののおすそわけなど、子どもなりにセラピストへのささやかな感謝を表していることが多い。このように贈り物の象徴的意味を理解する姿勢をもちながら、こころよく受け取るのがいいだろう。あまりにも過剰であったり、何らかの意図が感じられるような贈り物に対しては、セラピーの妨げになるので、丁重に断らねばならないが、そうでない場合は、**常識の範囲**で判断すればよいと思われる。

おわりに

　遊戯療法においても、クライエントの発達段階、病態水準に応じた関わりをするという心理的援助の基本は変わらない。ただ、子どもの場合は発達段階によって言葉や遊びの内容が大きく違ってくるため、発達的理解がより重要になる。たとえば言語発達については、二語文しか話せない子どもに長文で話しかけたり、子どもの発達段階では理解できないような難しい言葉で話しかけたら、子どもに無視されるだけである。

　遊びにおいては、子どもの遊びを黙って見守るほうがよい場合と、ごっこ遊びや体を動かす遊びなど、ともに参加するほうがよい場合の両方があり、子どもの要求に応じていけばよい。ゲームをするとき、そのゲームをマスターすることが目的ではない場合、説明書のルールにこだわる必要はない。正式なルールと違っていても、子どもが教えてくれるルールに従えばよい。型にはまらず臨機応変に、子どもといっしょに遊びの世界を作っていくことを考えればいいのである。最近では「実況中継」という技法がよく用いられており、それが治療効果をもつこともあるだろうが、「実況中継」とは外から投げかけられる言葉であり、プレイセラピーにおいては、ともに同じ世界に入って想像的に発する言葉が治療的である。

　さらに、プレイルームでの遊びの内容やクライエントとセラピストの関係だけに注目するのではなく、主訴や症状の変化、発達的変

化、親子関係・友人関係の変化、保育園・幼稚園や学校など社会的場面での行動の変化など、子どもの日常生活における変化と絶えず照合して、遊戯療法の効果について検証していく姿勢が重要である。関わりながら見立てを修正していくことも、大人の面接と同様に重要である。

　最後に、遊戯療法におけるセラピストの言葉について、注意を促したい。遊びを媒体とするといっても、遊びのなかでセラピストはたくさんの言葉をかける――遊びをともに展開するときのプレイフルな言葉、共感や慰めの言葉、時に禁止の言葉など。これらの言葉に対して、あまりにも無頓着な事例報告を、時に見かける。たとえば、呼称の問題も重要であるが、クライエントを「おまえ」と呼び、セラピスト自身を「オレ」と呼んでいた事例報告があった。このようなセラピストでは、セラピーのさまざまな場面でどのような言葉が使われているか、推して知ることができるだろう。

　遊びの流れに添って生き生きと遊びを展開させる言葉は、おだやかできれいな言葉、子どもにとって聴いて心地よい言葉、プレイフルな言葉、子どもの気持ちにぴたっと寄り添った言葉でありたい。セラピストには、繊細な言葉を駆使できる豊富な語彙が必要である。

文　献

Axline,V.M.〔1947〕*Play Therapy*. Houghton Mifflin. 小林治夫訳〔1972〕『遊戯療法』岩崎学術出版社。
村瀬嘉代子〔2001〕『子どもと家族への統合的心理療法』金剛出版。
山中康裕〔1999〕「遊戯療法の根本問題」『現代のエスプリ』389(遊戯療法)、183-195。
山中康裕〔2000〕『こころに添う』金剛出版。
山中康裕〔2001〕「初回面接において目指すもの」『臨床心理学』1(3)、291-297。

Chapter *4*

親面接の実際

—— どのような問題が生じるか ——

はじめに

　子どもへの心理的援助において、親面接はきわめて重要な役割を果たす。まず、初回に親が面接者に信頼を寄せなければ、子どもを続けて連れて来ようとは思わないだろうし、援助過程で親面接に失敗すれば、子どもへの援助も中断になる可能性が高い。このように親面接は、子どもの心理療法の進行を支える土台となる。

　親子面接にはさまざまな形態があるが、初心者が最初に訓練を受ける大学の心理相談室では「親子並行面接」の形態がとられることが多いため、それだけが親子面接の形態である（あるいは親子並行面接をしなければいけない）と思いこんでいる人がいる。実際には、さまざまな形態のなかから、事例の特性に応じて形態を考えねばならない。また、現場によっては心理臨床家が一人しかいない場合もあるから、その場合は、一人で親子の両方に面接することが必要になる。このように、事例の特性や現場の要請に応じて、臨機応変に形態を考える必要がある。

　さらに、親子面接において重要な問題となるのは、秘密の取扱いについてである。担当者間での秘密の取扱いや、担当者を介した親子間での秘密の取扱いについて、単純に完全な秘密にするという原則ではうまくいかないことが多い。そのため、「なにを秘密にし、どの程度伝えるか」という問題が生じる。

どのような面接の形態があるか

　子どもの問題で親あるいは子どもが来談するときの、面接の形態には以下のようなものがある。

(1) 親だけが来談する

　子どもの問題を主訴として親が来談する場合、子どもは一度も訪

れず、親だけが面接を続けることがある。たとえば、子どもの不登校やひきこもり、非行などの場合に、子ども自身は来談することを望まず、心配した親だけが来談することがある。親の対応のあり方は子どもの状態に大きく影響するので、親への援助だけでも子どもの状態が改善することは多い。したがって、さしあたって親への援助を開始して、子どもの変化を見守ればよい。時に「子ども本人が来ないと援助できない」として面接を断ったり、子どもの来談を性急に勧める面接者がいるが、これは問題である。子どものこととはいえ、主訴をもち、援助を必要としているのは、親であることを忘れてはならない。

　親の対応が変わることによって、子どもがあるていど元気を回復した後、あるいは現実の進路の問題などに直面して、子ども自身が面接者に会って話してみたいと言い出すことがある。そうは言ってもなかなか訪れないことも多いが、面接者はゆっくり待てばよい。親だけが来談するという形態でも援助効果はあがり、対人過敏性が強く傷つきやすい子どもは、そのような距離感があるからこそ、自分のペースを守って回復していける。

　子どもが来談したいと言うとき、誰がその子どもに会うかという問題がある。第一に子どもの希望を尊重すればよいが、親と面接してそれまでの経緯をよくわかっている面接者が会うと、子どもに安心感や連続性を与えることができる。

　このように、子どもの問題を主訴として親が来談した場合、主訴の改善に向けて親に助言と心理的サポートを行うことによって、親に安心感を与えると同時に、子どもに間接的に影響を与えて子どもの回復を促すことができる。

(2) 子どもだけが来談する

　初回は親子で来談しても、その後は子どもだけがセラピーを受けることを親が望み、親は連れてくるだけという場合がある。親にとってさほど切迫感がなく頻繁に面接をうける必要性を感じていない場合や、親自身の治療抵抗、親面接者への不信感、あるいは子どものことは自分には関係のないこととしてセラピストに全面的に任

せたいなど、さまざまな理由が考えられる。

　しかし、子どもへの援助の現実的成果を確認するために、子どもの日常生活の様子や主訴の変化について、親から情報を得ることは必要である。したがって、そのような提案をして、親にとって無理のない頻度で、面接の機会を設けることが望ましい。養護施設の子どもの心理療法に携わる際にも、担当職員から子どもの日常生活の様子をきくべきである。

　子どもは自分の状態について客観的に説明できないことが多いので、親や職員など身近に接している人に、主訴の変化について確認する必要がある。

(3) 親子並行面接

親子それぞれに1対1の枠組みで関わる。

①別セラピストによる親子並行面接──多くの場合は親子に同時に来談してもらい、親と子を別室で別セラピストが担当する。

②同一セラピストによる親子並行面接──親子に対して別々に時間枠を設定する形態と、一セッションのなかで時間を配分する形態がある。

　同一セラピストであれ別セラピストであれ、親子に別の時間枠を設定することには、親子であっても別の個人として扱い、それぞれの秘密を尊重することを示すという利点がある。子育てに苦しんでいる親が、その悩みを子どもの前で言うことは、子どもに悪影響をもたらす。親は思い切って子どもへの否定的感情を含めて本心を語り、それを受けとめられることで、子育てへの意欲を回復できる。また、親自身が、親としての役割を要求されるだけでなく、一人の人として過ごす時間が保証される。他方、子どもも、親への不平不満を親の前で言うことは困難であるが、それを自由に語ることで変容をとげうる。このように、親子それぞれに自由な表現を可能にすることで治療的変化を促進しうる。

　一セッションのなかで時間を配分する形態は、あくまでも子どもへの援助を中心とし、親もそれだけを望んでいる場合に用いている。私は、まず子どもと50分面接し、その後、親と20分程度面接

して、日常の様子を聞いたり、子どもの状態について伝えるという形態をとることが多い。親の健康度が高く、あまり切迫した問題が感じられない場合には、このような補助的な心理的サポートのみでも、子どもへの適切な関わりを促すことができる。逆に、援助者から見て、親にパーソナリティ障害などの問題がある場合でも、親が自分の問題で援助を求めていないならば、親自身の問題には触れないほうがよいと判断して、この形態をとることもある。

（4）親子合同面接

一人のセラピストが親子合同で面接を行う。あるいは親子並行面接を担当している二人のセラピストが同席して、四人で合同面接を行うこともある。

私の臨床経験では、たとえば思春期以上のクライエントに対して、通常は同一セラピストによる親子並行面接を行い、親子で話し合う必要が生じたときに親子合同面接を設定すると、うまく機能することが多かった。合同面接では、それまでの治療的変化の確認とその後の方針について話し合う。あるいは、親子の関係がこじれていて相互に不信感が強く、親子だけでは直接に会話することが難しい場合に、援助者が司会進行や通訳の役をとることで、親子のコミュニケーションの改善をはかることができる。一定期間をおいて何度か合同面接を行い、前回の合意事項がどのていど履行されているのかを確認するとよい。そのことが親子の問題解決への動機づけや達成感を高めることになる。

また、一セッションあたりの時間を配分して親子に会う場合、思春期のクライエントでは、子どもと一対一の面接をした後に、援助者が親とだけ面接することをきらい、親子合同面接を希望することもある。この場合、合同面接で子どもが親に伝えてほしいことを援助者に託すことがあり、援助者が介在したり代弁することで、親子に生じている問題に対してそのつど話し合って解決をはかることができる。

以上述べたように、親子面接にはさまざまな形態があり、事例の

特性や援助過程に応じて形態を選ぶこと、また、いくつかの形態を組み合わせるなどの工夫が必要である。

母親面接をどのように考えて進めていけばよいか

両親ともに来談したり、時に父親が来談することもあるが、親として訪れるのは実際には母親である場合がほとんどである。したがって、以下では主として母親面接について述べる。

まず、子どもの問題を主訴として来談する親の気持ちを想像してみることが大切である。村瀬〔2002〕は、子どもの問題を主訴として親が面接に臨む場合「『子どもの問題は実は親の問題だとひょっとして指摘されるのでは』と懸念しつつ、自責、焦燥、困惑、来し方への悔い、怒り、悲しみなどを多くの親は意識的、無意識的に錯綜させて抱いている」と述べている。

子どもの症状は重篤であっても、母親の来談への抵抗が強いために長く放置され、子どもの治療開始が遅くなる場合がある。母親は「自分が子育ての責任を追及されないか」「子どもの診断名が重いものだったらどうしよう」という不安を強く感じている。子どもに問題が生じることは、母親に「子育てに失敗した」という挫折感をもたらすことが多い。とりわけ、子育てを全面的に任されている専業主婦の場合、人生の失敗とまで感じていることがある。

村瀬〔2002〕によれば、親が求めているのは「存在そのものを受け止められ、わずかでも緊張と焦慮が和らぐこと」と「実効のある工夫を一緒にしていける」という感覚であり、親面接で留意すべきことは「親は親である前に一人の人である」ということであるという。男性のセラピストは女性クライエントに対して母性を重視する傾向が強いため〔中釜,2002〕、この観点をとりにくいと思われる。

母親面接に対する考え方は、「児童の治療をあくまで中心と考えて親の面接をその補助手段であるとする」立場と、「母親を心理療

法の対象として取り扱い、その自己実現の道を追求してゆくことを第一義とする」立場の、大きくふたつに分けられる〔河合, 1986〕。しかし、このふたつの立場は、両極端を示していると思われる。

　前者の立場からは、「親の個人的な問題に深く関わりすぎることで治療の中心である子どもに焦点が当てられなくならないように配慮すること」〔森田, 1999〕、「子どもの問題に直接関係のない家庭の不和や軋轢などが持ち出された場合、その問題に深入りすることを避け、カウンセラーとしての役割に専念することが望ましい」〔梶谷, 1992〕などの主張がなされる。

　このような「母親の生き方の探究は子どもの問題改善に役立つ範囲で行う」とする制限に対して、中釜〔2002〕は疑問を投げかけている。「他者からケアされずに苦しんできた人にとって、常に自分より他者の事情を優先しなければならない状況は、多くの場合、治療的どころか反治療的と言われかねない」とし、「子どものケアを損なわない限り」ではなくて「子どものケアも母親のケアも損なわない」ことを目指すべきであると主張している。

　母親自身が援助を必要としているのならば、援助するのは当然のことであろう。子どもを優先してそれに制限を加えることは、母親を一人の個人としてではなく、子どもの母親としか見ていないことを表している。

　他方、河合が述べるように、「心理療法の対象」として扱われ、「自己実現の道を追求してゆくこと」を第一義とされることには、多くの母親が抵抗を感じるのではないだろうか。母親は、子どもの問題を主訴として来談したのであり、母親が知りたいのは、子どもの状態についての説明と、どうすればそれを改善できるかである。面接者がこの点について有効な援助をできなければ、母親は続けて来談しようと思わないだろう。

　面接で母親にとって重要なのは、責められることなく、どのような話でも聴いてもらえることである。面接者との信頼関係が築かれると、母親は、主訴にまつわることだけでなく、自分自身の生育史や夫婦関係などについても話し始める。それは、あくまでも母親が

自発的に話すことであり、面接者のほうから母親を心理療法の対象として扱い自己実現をめざすべきではない。母親が自分自身の問題で心理療法を必要とすることはあるが、すべての母親にそれがあてはまるわけではない。

母親自身が生育史において依存欲求を満たされなかったために、子どもの依存欲求を適切に満たせない場合や、母親自身が充分なケアを受けていないために子どもに適切なケアをできない場合、母親がセラピストとの関係で依存欲求をあるていど満たされケアされる体験が、子どもに適切に関わるために必要となる。このとき、母親への心理療法は、結果的に母親と子どもの両方に利益をもたらす。

母親の関わり方が子どもの問題に影響している場合、母親の健康度が高ければ、単なる助言や指導だけで事態が改善するが、母親自身が精神疾患や心理的問題を抱えている場合には、母親に対しても心理療法的関わりが必要になる。この意味で、母親の病態水準への見立てが重要であるが、子どもの問題を主訴として来談した場合には、案外見過ごされがちな視点ではないだろうか。たとえば母親が子どもに心理的虐待といえるような不適切な対応をしており、子どもが精神症状を呈している場合に、母親が精神的に健康であると判断しうることは少ないと思われる。

母親が精神疾患をもっている場合には、治療が必要になる。しかし精神疾患を母親が否認し認めたがらない場合には、そのことをどう扱っていくかに細心の注意を要する。性急に直面化をはかっても、抵抗を招くだけである。私の臨床経験では、母親に人格的問題があり病理が深いほど、それを否認する傾向が強いように思われる。身体的虐待をしてしまう母親が、みずからそのことを問題と感じて来談したような場合には、むしろ治療的対応がしやすく変化も生じやすい。他方、母親が自分自身の病理的問題に気づかないまま、長きにわたって子どもに精神的ダメージを与えてきたようなケースでは、母親としては「子どものためにしてきたことで、何も悪いことはしていない」と認識していることが多く、非常に介入が難しい。

「むかついたから子どもをたたいた」と罪悪感もなく語る母親、常にちぐはぐな対応をして子どもを傷つける母親、そういう母親に

対して共感するのは難しい。不適切な対応により子どもの状態を悪化させたり、子どもの心理療法の進展を妨害するような行動をする母親に対して、セラピストが内心母親を責めたくなるなど、否定的な逆転移感情をもつことは多いと思われる。このとき、「母親の行動がなぜ生じたのか」という生活史的理解を深め、セラピストが逆転移感情を意識化して対応に生かしていくことが必要である。このようなことが可能になるには、相当な臨床経験が必要とされる。

　母親面接においては、母親の語るどんなに偏った感じ方も、子どもへの不適切な対応も、まずは非難や指摘をしないでじっくりと聴くことが重要である。指摘をするには、信頼関係が充分に深まってから、時期を慎重に見きわめる必要がある。しかし、それでも激しい反発を招くことがある。母親の子どもに対する否定的な感情をもごく自然なこととして受けとめることが治療的であるが、若くて子育ての経験のない人がこのような感情に共感することは困難であろう。

　河合〔1986〕が述べているように、若いセラピストの場合、母親を担当しても「むしろ子どもの立場のほうに共感してしまって、そのような子どもに接する態度が悪い（と思われる）母親に対して、批判的な態度になったり、ときには強く非難したりすることがある。これはマイナスの結果をひき起こすことが多い。もちろん、そのような助言や忠告が成功すればよいが、さもなければ、まず母親その人に対して、そのあり方を受容する態度で接することを心がけねばならない。若い人の場合は自分自身の、negative mother complex を解消していないことが多いので、とくにこの点について配慮が必要である」。

　初心者であっても、子育て経験のある年配のセラピストが担当するとうまくいくことが多い。しかし、子育て経験のある人でも、「自分の子育てはうまくいった」「子育てはかくあるべきだ」というような思い込みがあると、道徳的な説教がましい態度となりやすく、母親の気持ちに寄り添うことは難しい。

　初心者が母親面接をすると、母親の話す内容が子どもの日常的行

動の報告に終始することが多いが、聴く態度を充分に身につけた面接者の場合、母親は子どものこと以外にもさまざまなことを話し始める。一般に心理面接が進展する際、話題が主訴にまつわることに限定されることは少ないが、そのことは子どもの問題を主訴とする場合にも同様である。自分自身の問題で来談した成人の面接の場合、主訴となる問題への理解を伝え、対応の工夫について助言するのと同様に、母親面接では子どもの問題への理解を伝え、具体的な対応の工夫を助言する必要がある。主訴となる問題が自分自身のことであるか子どものことであるかという違いはあるが、共感的に聴くという基本的態度は同じである。

　しかし、このことは複雑な問題をはらんでいる。子どもの問題であるといっても、母親が子どもと同一化して子どもの姿に自分自身を重ねていたり、母親のあり方が子どもの問題と深く関わっていることも多いからである。また、母子が共依存のような抜きさしならない関係に陥っていることもある。

　援助者としては、基本的に母親が自発的に語ることに耳を傾け、子どもの問題に話を限定することを母親が望むならば、それを尊重する。心理面接の展開は、セラピストとの組み合わせによって決まることが多く、最初からセラピストが意識的に方向性を決めるのは難しい。何を語り、何に取り組むかは、母親自身が決めることであるが、語る内容にふさわしい枠組みをセラピストが設定することは重要である。クライエントが不安定になりすぎないように配慮することは、自分自身の問題を主訴として来談した場合と同様に、必要なことである。

　母親面接においては、母親の大変さや子どもに対する否定的感情を聴き、適切な助言をするだけでなく、毎日の生活へのエネルギーを補給して母親を支えることが重要である。傾聴、共感、助言、情緒的支援が必要なのは、他の心理面接と同じであろう。

　ある知的障害児をもつ母親は、学校への不満をずっと抑えてきた。面接のなかでは毎回のように学校の対応への不満が語られ、私は傾聴した。治療の進展につれて、直接担任に主張できるようになり、他の母親たちとも協力して目標に向かって行動できるように

なっていった。涙をのんで耐え忍ぶ母親から、不当なことに対しては事態を変えるために行動する母親へと変化したのである。このような変化が生じるには心的エネルギーを回復することが必要であったが、それはセラピストの情緒的支援によって可能になったと思われる。

別セラピストによる親子並行面接において生じる問題

　別セラピストによる母子並行面接の実際的な利点として、経験の浅いセラピストが一人のクライエントに専念できるために、セラピーに取り組みやすいということがある。現実的問題として、若いセラピストが親面接を成功させることは非常に難しいため、若いセラピストは子どものプレイセラピーを担当し、経験のあるセラピストが親面接を担当して、親面接者の方がリーダーとしてチームを導いていくと、うまくいくことが多い。

　別セラピストによる親子並行面接の場合、担当者どうしがどの程度情報交換するべきかということが問題になる。河合〔1986〕は「とくに、子どもに対しても母親に対しても深く心理療法的にかかわっているとき、心理療法は二人の人間が主観の世界をともにわかち合うような関係を必要としているので、その流れのなかで不用意な情報を注入されたり、不用意に他言することによって、水もれのような現象をおこすときは、心理療法の過程に著しい障害を与えることになる」と指摘している。

　しかし前述したように、すべての母親に心理療法的に関わるわけではなく、あくまでも子どもの問題に対して援助するのであれば、あるていどの情報交換は必要である。親面接者は子ども担当者に、子どもの日常生活、家庭や学校での様子や友だちとの関係などにどのような変化があったかを伝えて、プレイセラピーのなかで見られる変化と日常生活における変化を、常に照合するよう促す。

　母親面接においては、子どもの問題だけでなく、親自身の問題が

話されることがある。親のプライベートな事柄について、子ども担当者に伝える必要がないと判断した場合には、秘密を守ることが重要である。子ども担当者には、子どものセラピーに必要な情報のみを伝えればよいが、チームで援助に取り組むうえで、どの情報は伝えるべきか、そのつどの判断が求められる。

　また、山中〔2000〕は、子どもの担当者が親の担当者に子どものプレイセラピーの中身をことこまかに報告するのもよくないとしている。それは「治療の流れをそこなうばかりか、秘密を漏らすことにつながるからである。その際、内容そのものではなく、流れの方向性とか、外的な変化など幾分抽象化した形で伝える。このやり方は、親御さん自身や学校の教師、あるいは他職種の人々への伝達にも同様に言える」と述べている。

　しかし、親面接者は子ども担当者と協力して子どもの心理的援助に取り組み、対外的に秘密は守られるのであるから、親面接者がベテランでセラピー全体をリードしていたり、親子の担当者がどちらも経験豊富で対等に話しあえる関係にあるときには、相互の信頼のもとで詳しい経過を話して治療的変化と方針を確認しあうこともありうる。何を伝えるか、何を伝えないほうがいいか、などの判断は、二人の関係や臨床経験によっても違ってくるのではないだろうか。

　子どもへの援助では、学校教師などと連携する必要が生じる場合が多い。その際、伝える内容について、親の了承と、（経験的に、子どもがおよそ小学校中学年以上の場合には）子ども自身の了承を、得ておくことが望ましい。内容としては、子どもの遊びの細かな内容については秘密を守り、活発に遊べるようになったとか、言葉数がふえてきたなど、発達的変化や治療的変化、つまり客観的に伝達可能な外的変化を伝えるのがよいと思われる。これは、親面接者が親から「子どもはプレイルームで何をしているのですか」と聞かれたときも、同様である。「守秘義務があり、それは秘密です」などと原則をふりかざされたら、たいていの親は不信感をもち、継続して来談する意欲がなくなるだろう。

　子どもの問題の改善に向けて、親と親面接者は協力して取り組んでいるのであるから、援助過程における子どもの変化について、あ

るていど指標として親に伝えることは必要である。

　河合〔1986〕は別セラピストによる親子並行面接における相補性について、親が抵抗を感じても子どもが楽しみにしているので来談を続ける、あるいは子どもが抵抗を感じても親が意義を感じて来談を続けるなど、うまく機能しているときには相補的にはたらくが、どこかで歯車が狂ってくると破壊的に作用すると述べている。その例として、子どもがプレイセラピストに強い陽性転移を起こしたとき、母親がそれを感じとって嫉妬心から来談に抵抗を示すことがあり、セラピストはそのような母親の心の動きに敏感でなければならないという。

　母親が子育てに自信をもてない場合、子どもがセラピストに強い愛着を示すことは耐え難いことであり、子どもがセラピストになつけばなつくほどセラピーへの抵抗が生じて中断になりやすい。あるいは逆に、「先生にお任せします」と子どもを突き放す場合もある。また、母子が境界のないほど一体化している場合には、母子が別々にセラピーを受け、子どもが秘密をもつことが、母親に不安を引き起こすこともある。客観的に見れば母子分離が必要な場合でも、母親にとっては大きな脅威として感じられる。

　したがって、子どもの担当者は、子どもとの関係が形成されたからといって単純に喜ぶのではなく、このような母親の心理への配慮も必要である。また、母親担当者には、母親の微妙な心理を汲みとり支えることが求められる。

　私自身の初心の頃のプレイセラピーの経験で、子どものセラピーは順調に進んでいるのだが母親の抵抗で中断になったり、あるいは母親面接のみ中断になり子どもだけがセラピーを続けるという経過をとることがあった。このことは、子どものセラピーにおける母親面接の重要性と難しさを物語っている。

　母親が子育てについて自責や不安、葛藤が強いほど、子どものセラピーが深まると中断になることが多かった。その要因のひとつとして、当時の私の治療的態度として、心の深層で関わる傾向があっ

たことが考えられる。心理療法においては、深く関わり深い表現を促すことが価値のあることだという考えを、私は知らず知らずのうちに身につけていた。しかし、子どもが深いセラピーを受けると、親が苦痛を感じることには、思いが至らなかったのである。もう少し「療育」的な関わりをしていれば、母親にそれほど強い抵抗を生じさせず、また母親もいっしょに取り組めて、目に見えるかたちで変化が追え、達成感と自信を回復させることができたのではないかと思われる。

　臨床経験を重ねるにつれて私は、できるだけ母親にとって無理のないかたちで援助を進めるのがよいと思うようになった。とりわけ、子育てに挫折感をもっている母親にとっては、自分の内面を省みさせるようなアプローチではなく、子どもへの指導や訓練といった目に見える成果が得られるアプローチのほうが取り組みやすい。「今までのことはどうでもいいから、これからどうすればいいのか教えてほしい」と言われたこともある。今までのことに問題があったことに、母親自身がうすうす気づいているのだが、他人からそれに触れられたくはないということであろう。

　たとえば、子どもの忘れ物の多さや落ち着きのなさなどについても、情緒的な問題と言われたらどう対応していいかわからないが、たとえばADHDとはっきり診断を下され、「指導」や「訓練」の方法を教えてもらうほうが楽だと言われたことがある。

　発達障害の診断については、このように微妙なところがある。診断名をきいてショックを受ける親もいれば、はっきりとした診断名がほしいと望む親もいる。個々のケースについては、**親の心理状態をみて判断する**ことが望ましい。

同一セラピストによる親子面接
において生じる問題

　別セラピストによる母子並行面接の利点については前述したが、難しい点として、境界性パーソナリティ障害など困難な事例になる

ほど、クライエントがセラピスト間の関係を破壊するような行動をし、転移－逆転移とも関連して問題が複雑になり、セラピスト間に不信と亀裂を生じさせることがあげられる。このような場合、セラピスト間で相当な信頼関係がなければ、また、両方のセラピストに転移－逆転移を客観視できる熟練がなければ、チームワークが破壊されセラピーじたいが失敗してしまう。河合〔1986〕は「困難な事例では二人の間に亀裂が生じるような現象が起きやすく、それよりは『一人でやり抜く』決意をもって、一人で担当する方が、人間関係が複雑にならないだけやりやすい」と述べている。

このような理由で、同一セラピストが別の時間に親と子どもの両方に会うケースもふえてきた。別セラピストから得られる情報は間接的であるが、セラピストが親子の両方と直接話すことで家族力動について得られる情報は多い。両方の情報を総合して、子どもと母親、そして家族の問題に対する理解を深めることができる。

しかしこの場合も、別セラピストによる母子並行面接と同様の相補性と破壊性を含んでいる。親子が敵対している場合、互いに相手を非難するような主張をし、親の子どもへの否定的な見方に影響されて、子どもに対する肯定的関心が損なわれるように感じることがある。逆に、子どもの親への否定的な見方に影響されることもある。親子でセラピストのとりあいのような状態になり、母親がセラピストを自分の味方につけようとしたり、セラピストを通じて子どもを支配しようとすることもある。

ある過食嘔吐を繰り返す摂食障害の女性は「いつも母に監視されてきた。わたしは母のあやつり人形ではない」と母親の支配的態度を強く非難した。一方、母親は「あの人には感情がない。生まれつき脳に欠陥があるのではないか。粗大ゴミに出したい。前は子どもを殺して自分も死のうと思ったが、今はばからしい。自分は生きる」と語った。「あの人」という呼称に、母子関係のあり方が表れている。母親が子どもを「あの人」あるいは「彼（彼女）」と呼ぶとき、心理的距離の遠さが感じられる。心理療法の進展につれて、「うちの子」などと呼び方が変わることがしばしばある。

親子の両方から聴くことは、親子両方の主観的世界に関わることであり、セラピストがこのように対立する感情を自分のなかで抱え続けねばならないということである。母親の話を聴くときにはあくまで母親の内的枠組みに添って聴き、子どもの側に立って見ないことが重要であるが、子どもと信頼関係ができている場合、つい子どもの立場に立って母親ではなく子どもをかばうような発言をしてしまうことがある。全体の状況を知りながら、母親に会うときは、子どもから見た母親ではなく母親自身を一人の人とみなさねばならず、セラピストにはそのつど視点を変更する能力が必要とされる。一番重要なのは、親に会うときと子どもに会うときの、セラピストの**態度の切り替え**であろう。

　同一セラピストが親子の両方に会う場合、特に「秘密の取扱い」に注意が必要である。母親が子どもの秘密を聞き出そうとし、その態度から母親の侵入的態度が伺われることがあるが、別セラピストによる並行面接の場合と同様に、原則的には客観的な変化を伝えるに留める。子どもが話した内容から母親に理解してほしいことを伝える場合、子どもがこう言っていたと直接子どもの言葉を引き合いに出す場合には、あらかじめ子どもから了承を得る必要がある。さもないと、子どもの秘密を漏らすことになり、信用を失う危険がある。通常は、あくまでもセラピストが理解したこととして、できるだけ一般的な言葉で説明することが重要である。
　子どもは、セラピストが母親から自分についての悪い情報を聞いているのではないかと疑うことがあるので、母親からきいた否定的な内容を伝えてはならない。母親から聞いた日常生活の様子についても、聞いたとは言わずに、さりげなく質問のなかで確かめていくのがよい。両者から聞く内容が著しく食い違っていることがあり、そのことが親子の疎通性の悪さを物語っていることがある。
　同一セラピストが親子の両方に会うのは、母親も子どももセラピストから聞いたことを自分に都合のよいように歪曲して他方に伝えるなど、他方とセラピストの関係を破壊するようなことをしないと信頼できる場合に限られる。もし、セラピストが秘密の保持につい

て厳しい態度をとれず、また、親子がそれぞれにセラピストと話したことについて秘密を守れず境界があいまいな場合、あるいは親が子どもとセラピストとの関係のなかに境界を越えて侵入しようとする場合には、親子の関係もセラピストとの関係も錯綜して混沌としてくるため、同一セラピストによる親子面接という形態は望ましくないと思われる。

父親が来談するとき

　子どもの問題は、母親だけでなく、父親を含む家族全体が解決に向けて取り組むことが必要である。父親には、日々子どもと関わるなかでストレスをためこみがちな母親を心理的に支え、母親とは違った観点で子どもと関わるという重要な役割がある。
　母親が、子どもの問題に対する理解を父親にももってほしいからと、父親との同席面接を望み、父親が来談することがある。また、援助過程で不意に父親が訪れることもある。父親が自発的に訪れるのは、心理療法が重要な転回点にさしかかっているときが多く、セラピストは父親に対して、的確な説明や助言をしなければならない。あるいは、母親面接をしていて、母子関係が修復不能なほど悪く、父親の協力がどうしても必要であると判断して、セラピストが父親に来談してもらうこともある。
　一般に年配の父親にとって、子どもの問題で来談することは不本意であり、面接場面で社会的地位や男性としての優越性を誇示し、権威的な態度を示すことがある。最初から、攻撃的な発言をすることもある。そのような場合、社会的地位をよりどころとする父親のプライドを尊重して、謙虚な態度で話を聴くことが重要と思われる。
　ここで、父親が不意に訪れた事例をあげる。母親自身の親子関係に未解決の問題があり、それが子どもの問題としてあらわれたと考えられる事例である。
　心身症の子どもをもつＡさんは長女であり、隣の敷地に両親が住んでいた。Ａさんは恐ろしくて母親に逆らえず、母親はＡさん

の子どもの教育に口を出し、気に入らないことがあると大声で荒れ狂った。母親はＡさんの夫を気に入らず、夫とも折り合いが悪かった。そのせいか夫は不在がちで、家庭を回避していた。Ａさんは母親に黙従していたが不眠症になり、夫や病気の子どもと母親との間で板ばさみになっていた。子どもが不登校になり部屋に閉じこもっていると、母親がＡさんの家の中に入り込み大声で子どもを責めたてた。そのため子どもの状態はさらに悪化した。

　このことをきっかけに、夫が子どもの状態を見かねて初めてＡさんの母親に文句を言った。自分たちのことは放っておいてほしいと。やっと夫が、子どものために父親としての役割を果たしたのである。夫の加勢を得て、子どもを守るためにＡさんも母親に自己主張できるようになった。

　そのころ、一度だけＡさんの夫が面接に訪れた。このことは、父親として子どもの問題に責任をもって取り組むようになったことを示している。Ａさんは、母親と適切な距離をとれるようになるにつれて、母親の影に怯えずにＡさんらしく子どもと関われるようになり、子どもの状態も改善していった。子どもは、母親の親子関係の犠牲になったと言え、子どもの症状の改善は、それを解決しなければ得られなかった。

おわりに

　母親面接は、子どもの問題を主訴とするが、主訴をもち援助を必要としているのは母親自身であるから、一般の心理面接と基本は大きく違わない。

　しかし、子どもを虐待する母親への面接に顕著に見られるように、面接者が母親の病理的問題にどのような態度でのぞむかは個々の事例に応じたデリケートな判断を要し、その点に難しさがある。

　基本的に、母親という役割のみを重視し、良い母親であることを求めるような態度を、面接者がもつことは望ましくない。子どもも母親も一人の個人として尊重すること、そして母親の生育史を含め

て家族全体の現在と過去の状況を理解するための総合的な視点をもつことが、面接者には必要とされるだろう。事例の特性や治療経過に応じて、対応や面接形態を工夫することが望まれる。

　また、母親面接者は、母親と子ども、母親と他の家族、母子と学校教師などをつなぐ役割も担っていることを、忘れてはならない。

文　献

梶谷健二〔1992〕「親のカウンセリング」氏原寛ほか編『心理臨床大事典』培風館、266-268。

河合隼雄〔1986〕「児童の治療における親子並行面接の実際」『心理療法論考』新曜社、218-226。

村瀬嘉代子〔2002〕「遊戯療法と親面接――その展開の諸相」『臨床心理学』2 (3)、325-330。

森田喜治〔1999〕「親のカウンセリング」氏原寛ほか編『カウンセリング辞典』 ミネルヴァ書房、73-74。

中釜洋子〔2002〕「母子並行面接の落とし穴と有効性」日本家族心理学会編 『子育て臨床の理論と実際』 34-50。

山中康裕〔2000〕『こころに添う』 金剛出版。

Chapter 5

問題行動を示す子ども
―― かれらをどう理解し援助するか ――

はじめに

　今まで臨床心理士として、援助を必要とする多くの子どもたちと関わってきた。その際に、親へのサポート、学校教師や保育士との連携も必要であり、子どもへの対応について助言することが有効であった。このような経験に基づき、問題行動を示す子どもに心理的援助をするには、どのような視点や工夫が必要であるかを述べたい。

問題行動をどのように理解するか

　子どもの問題行動を理解するためには、①〈素因〉、②〈成育環境〉、③〈現在の生活環境〉の三つの視点から見ていくことが必要である〔小枝, 2002〕。①として、遺伝的負因や器質的素因があるか。②として、これまでの生育歴に問題はないか。養育者との関係はどのようであったか。③として、現在の生活環境はどのようであるか。たとえば、親の精神疾患や経済的困窮によりネグレクトのような状態にあったり、学校でのいじめなど、過剰なストレスがかかっていないか。

　問題行動には、①②③がさまざまな比率で関与している。子どもは「関係」のなかで育つ。子ども側の素因としての負の状態像は、親の関わりを難しくし、親からの不適切な養育が加わることで、悪循環的に子どもの問題行動の悪化が見られることがある。また、①②には問題がなくても、現在の生活環境に問題があるために、子どもが問題行動を示す場合もある。

　近年、学校現場で発達障害への注目が高まるとともに、子どもの問題行動を見るとすぐに「発達障害」であるとラベリングし、生得的な脳の機能障害によると考えることで、親子関係や環境要因についてそれ以上考えないという風潮があるが、このことは非常に問題である。

たとえば、落ち着きのない子どもがいると、教師は「注意欠陥多動性障害（ADHD）」だとラベリングして、思考停止に陥ってしまう。落ち着きのなさの要因として、確かに ADHD のような発達障害が基底にある場合もあるが、虐待を受けた子どもにも見られることから、家庭環境の問題も考えられる。また、情緒的な問題があって、不安などのために落ち着きをなくしている場合も考えられる。教師の指導力・指導法に問題がある場合もあるだろう。

　このように多面的に子どもを理解することが必要である。落ち着きのない子どもに対して、なぜそうなったのかを、発達のプロセスと現在の家庭の様子をていねいに聴きとることによって理解し、どのような援助が必要であるかを考えることが重要である。診断は、援助方針を立てるための一つの参考として用いるのであって、診断名をつけることですべてがわかったような気になってはならない。

発達障害とは

　発達障害とは、いわゆる大人（成人）になるまでの過程である胎児期・乳幼児期・児童期・思春期に現れてくる発達上の障害やハンディキャップの総称である。そのなかで、学校現場で問題行動を表すことが多く個別の支援を必要とする、精神遅滞（知的障害）、広汎性発達障害、注意欠陥多動性障害（ADHD）、学習障害について説明する。

（1）精神遅滞
　精神遅滞は、以下の三つの条件を満たす場合に診断される。
　①明らかに平均以下の知的機能（IQ が 70 未満）、②適応障害が存在する、③発達期（多くの定義では 18 歳未満）に明らかになる。

（2）広汎性発達障害
　自閉症は、三歳以前に始まり、以下の症状を示す。自閉症のなかで知的障害を伴わない（IQ: 70 以上）ものを高機能自閉症と呼んで

いる。
① 対人的相互反応の質的障害：共感性の欠如、情緒的相互性の欠如、人と関係を形成する能力の弱さなど。
② コミュニケーションの質的障害：言語発達の遅れ、あるいは独特の言語使用。
③ 行動、興味および活動の限定され、反復的で常同的な様式：興味の偏り、こだわり。

　アスペルガー障害では、自閉症と同じ社会性や対人関係の障害をもっているが、自閉症の診断基準のうち②は除かれる。言語発達の遅れが見られず、むしろ難しい言葉を幼児期からすらすら話したというエピソードがよく語られる。興味の偏りを生かして研究者や職人として成功している人もいるため、これらの特徴に加えて社会的に不適応をきたしていることが診断基準としてあげられる。
　広汎性発達障害は「自閉症スペクトラム」とも言われ、定型発達との連続性が考えられているため、どこから「障害」とするのか明確な境界線を引くことは困難である。

　広汎性発達障害の人の特徴として、コミュニケーションにおいてズレが感じられることが挙げられる。言語表出の問題として、共感性が弱いため相手の気持ちを想像できず、ズケズケ思っていることを言ったり、相手には興味のないことでも一方的に話し続ける。また、相手が不快に感じていても、しつこく言い続けるなどの特徴が見られる。他方、他者の言語に対する理解の問題として、相手の言ったことの暗黙の意図を理解できず、意味を取り違える。言葉の前提や文脈を理解できず、表面的な言葉の一部に反応する。婉曲的表現・比喩や冗談を理解できず、言葉を字義どおりにしか受けとめられないなどの特徴が見られる。このような言語の意味理解の悪さが顕著であり、相手の言ったことの趣旨を想像以上に理解できていないことが多い。
　定型発達の人とのコミュニケーションにおいては、暗黙の前提や文脈を共有しているために話す内容を省けることでも、広汎性発達障害の人にはそれが欠けているため、すべてを言葉にして伝える必

要がある。言語的交流を支える基盤となる情緒的相互性が極めて弱いことが障害の特性と言える。

　アスペルガー障害の人は、共感によって理解できないことを理屈で補って理解しようとするため、屁理屈と感じられるようなことを言い募り、相手を不快にさせることがある。言語発達に遅れはないため一歳半健診や三歳児健診では問題なしとされ、思春期以降まで未診断で過ごすことが多い。しかし、これらの特徴から、小学校でいじめにあうケースが多く見られる。障害特性として見ないと、単に「マイペースで変わった子」「自分勝手な子」とみなされ、いじめにつながりやすい。そこから二次障害として「不登校」になったり、「うつ病」や「解離性障害」などを発症することがある。最初はそのような問題で相談機関を訪れ、生育史を確認すると、アスペルガー障害であると判断されることがある。

　自閉症スペクトラムにおける認知機能の特徴として、中枢性統合機能が弱いことがあげられる。情報処理において、「木を見て森を見ず」という言葉があるように、細部にのみ注目し、全体の意味を把握することが困難である。複数の情報を重要度に優先順位をつけて取捨選択することができず、くどくど話す。いま必要な情報にのみ焦点をあてる選択的注意ができず、雑多な情報が押し寄せてきて処理できない。複数のことを同時に処理することが困難であり、一度にひとつのことしかできない。また、因果関係の把握が困難である。このような特徴は、聴いている相手をいらだたせて怒りを引き出すことがあるため、障害特性として理解する必要がある。

　日常生活では、予期しない変更が苦手であるから、あらかじめ変更を伝えておくようにする。感覚過敏性によってパニックを起こしやすいので、刺激を与えないように配慮する必要がある。こだわりが強く興味が偏っていることに対しては、本人の興味のあることについてクラスで発表させる機会を設けるなどして、まわりが該博な知識を肯定的に評価することで、本人の学習意欲と自尊感情を高めることができる。

(3) 注意欠陥多動性障害（ADHD）

注意欠陥多動性障害（ADHD）には以下の三つのタイプがある。

① 不注意優勢型：注意の転導性が高い、物をなくす、忘れ物が多い、整理整頓ができない。

② 多動性・衝動性優勢型：落ち着きがない、じっとしていられない、しゃべりすぎる、順番を待てない、かんしゃくをおこす、会話に割り込む、他人の妨害をする。

③ 混合型：①と②の両方が見られる。

　ADHDの子どもは、これらの特徴により、幼児期から叱責されることが多く、自己評価が低下して、意欲を失うことがある。障害特性を理解した適切な関わりが得られないと、ADHD→反抗挑戦性障害→行為障害という経過をへて「非行」に走る場合があるので注意を要する。援助者は、本人の性格やしつけの問題ではないことを理解して関わり、自信を回復できるように配慮する。注意の散りにくい環境、落ち着けるような対応を、工夫することが必要である。ADHDの子どもは、興味のあることには注意を集中することが可能なので、興味を維持できるように工夫して、注意の持続時間を延ばしていき、達成感が得られるように援助する。

　プレイセラピーにおいて、一般的に望ましいとされる受容的に待つ姿勢をセラピストがとると、ADHDの子どもは退屈して注意散漫になってしまうので、セラピストも注意を集中して遊びに強くコミットし、子どもの注意をひきつける工夫が必要である。

　また、衝動コントロールが悪く、本人の力ではコントロールしにくい場合、まわりの大人が気持ちの切り替えや休憩の時間を設けるなどして、コントロールを助ける配慮が必要である。本人はテンションが変動して興奮しやすいので、大人が落ち着いた一定の語調で話しかけることが大切である。

(4) 学習障害（LD）

　学習障害には、読字障害、書字障害、算数障害がある。これらに対しては、障害特性に配慮した個別の指導が必要である。スパルタ式に何度も練習してマスターさせようとしても、うまくいかない。

以上、主な発達障害について説明してきた。とりわけ知的障害を伴わない発達障害は、相対的な個人差であり定型発達との境界線が明確でないこと、また、いくつかの発達障害の併存が多いことが特徴である。発達障害における社会的適応障害は、脳の器質的な障害から引き起こされる認知障害よりも、その結果として生じる自信喪失、対人関係における被害念慮、不適切な行動パターンなど、二次的な心因的問題によってもたらされる〔杉山, 2007〕。

　つまり、発達障害か情緒障害かという二者択一的な考え方ではなく、発達障害は情緒障害を伴いやすいことを、認識しておく必要がある。

　実際に、学童期以降の発達障害児／者が相談機関を訪れるのは、二次的障害による場合が多い。また、発達障害児に特徴的なこだわり行動やパニックなどは、情緒的に安定することにより改善することが多い。基本的に情緒的安定が最も重要であり、援助においては、認知特性の理解に基づく情緒的サポートが望まれる。

愛着の障害をもつ子ども

　愛着とは、特定の他者とのあいだで形成される情緒的な「絆」のことであり、人生早期に養育者とのあいだに安定した愛着を形成することは、世界と他者に対する基本的信頼感、安心感・安全感の基礎になる。養育者への愛着は、その後の人間関係の基礎になり、共感性や社会性の発達に影響を及ぼす。愛着が基礎にあって、子どもは養育者から社会的行動を取り入れていくため、愛着の障害があると、しつけじたいが難しくなる。また、子どもは感情を、養育者に調整してもらう経験によって、みずから調整できるようになる。したがって、養育者が子どもへの情緒的応答性に欠ける場合、安定した愛着の形成が妨げられると同時に、子どもの感情コントロールも難しくなる。

　杉山〔2005〕によれば、愛着が基礎になり、衝動コントロールや、他者の立場に立ったパースペクティブの獲得が可能になる。このよ

うなパースペクティブの獲得が、共感性や道徳観の基礎になると考えられる。

　反応性愛着障害は、五歳未満で始まり、不適切な養育を受けたことにより「著しく障害された対人関係」をもつことを特徴とする。これには以下のふたつのタイプがある。
① 脱抑制型：拡散した無差別的愛着で、選択的な愛着を示す能力が著しく欠如している。
② 抑制型：対人的相互作用を適切に開始したり反応したりできず、過度に抑制された、非常に警戒した、または非常に両価的で矛盾した反応を示す。対人関係への無関心や回避を示し、他者と親密な人間関係を形成することが困難である。
　反応性愛着障害の原因は、子どもの情緒的欲求や身体的欲求の無視のような不適切な養育であり、虐待を受けた子どもに反応性愛着障害が多く見られる。
　①の脱抑制型はADHDと類似の臨床像を示し、②の抑制型は高機能広汎性発達障害と類似の臨床像を示すため、いずれも鑑別診断が非常に難しい。
　被虐待児は、不注意や多動性・衝動性を示すことが多いが、それが、生まれてから後の虐待によるものか、ADHDにおいて想定されているような生得的な脳の機能障害によるものなのかの鑑別は困難である。
　Levy〔2000〕によれば、愛着障害の子どもは、他者への信頼感や共感性に欠け、反抗的・挑戦的で、他者との安定した関係をもちにくい。他者イメージだけでなく自己イメージも悪い。因果関係の把握が悪く、自分の失敗を他人のせいにする傾向がある。子どもは、親の適切な関わりによって他律から自律へ、受動性から能動性へと成長する。被虐待児には、自分の力で人生を動かすことができるという自律性の感覚が根づいていないため、責任転嫁はそのような無力感のあらわれとも考えられる。
　さらにJames〔1994〕は、安全な愛着と心的外傷による絆との違いを明らかにした。心的外傷の絆は、愛ではなく恐怖に基づいており、

「他者の要求の延長」「他人による統御」「他人の意思に従順」といった特徴が見られる。虐待とは、本来は子どもの要求をかなえるべき親が、子どもによって自分の要求を満たそうとする行為であり、親子の役割に逆転が見られる。被虐待児は、親の意のままにされ、自分の要求を生きられないため、主体性が育っていないことが多い。親が自分の欲望のために子どもの生活に支配・干渉することは、心理的虐待とみなしうる。

　次に、虐待が脳に与える影響について述べる。遠藤・田村・染矢〔2006〕は、被虐待児（者）で異常が指摘されている脳領域と臨床症状の研究から、小児期の虐待は広範な脳領域の形態および機能の発達に影響を与え、その結果、心的外傷後ストレス障害（PTSD）、境界性パーソナリティー障害（BPD）、解離、実行機能の障害、社会性・コミュニケーションの障害のような臨床症状として現れると推測している。

　解離症状やPTSDは、虐待という外傷体験によって引き起こされる。実行機能とは、時間的見通しをもって適応的な行動を考え実行する能力のことで、被虐待児にはこの能力が欠けていることが多い。刹那的で、その場しのぎの嘘を繰り返すことにも、このことが現われている。被虐待児に社会性・コミュニケーションの障害が見られることは、広汎性発達障害との類似性を示している。また、被虐待児には、「かんしゃくをおこしやすい」「変化に適応できずパニックを起こしやすい」「同じパターンに固執する」「他人の感情を把握できない」「人の目を見ない」「さわられるのを激しくいやがる過敏性」などが見られるが、これらはすべて、広汎性発達障害と共通する特徴である。

　このように、被虐待児と発達障害児には類似の臨床像が見られることを、脳研究の知見が裏づけているといえる。発達障害は虐待のリスクファクターであるため、被虐待児にもともと器質的要因があったとも考えられる。他方、虐待を受けた子どもが発達障害児と類似の特徴を示すことが多いことは、虐待が正常な発達を妨げることを示唆している。発達の初期に虐待を受ければ、器質的な負因が

ある場合と同様の、発達上の障害をもたらしうると考えられる。したがって、器質的要因か心因かという二者択一的な考え方は、有効でないことがわかる。

援助に際しての工夫

　援助の方法は、子どもの問題行動の内容や子どもの個人的特徴によって柔軟に変えていくことが多いが、以下にいくつかの留意点をまとめてみたい。

(1) 子どもの症状をまずはそのまま受け入れ症状による苦痛を緩和する

　Kanner〔1972〕は、子どもの症状には「入場券」「危険信号」「安全弁」「問題解決の手段」「厄介物」という五つの意味があると述べた。このような観点から、子どもの症状の意味を理解しようとすることは大切である。しかし、根本的理由が解決し症状が消失するには長い期間を要することが多いため、まずは、現れた症状をそのまま受けとめ、症状による苦しみを緩和することが重要である。

　たとえば選択性緘黙の子どもは、学校など特定の場面でまったく話せなくなってしまう。話せないという症状があるために、授業中に指名されないかとビクビクしたり、教師に伝えたいことがある場合など、過度に緊張して過ごしていることが多い。教師には、このような症状を理解してもらい、無理に話させようとするのではなく、まずは話せない状態を受け入れて、話さなくても用がすむように対応してもらう。たとえば筆談を取り入れたり、困った時にはどうするか段取りを決めておく。このような教師の対応によって、子どもは必要以上に緊張することがなくなり、リラックスして過ごせるようになる。

　症状があることにより生じる不安・苦痛が減り、安心感が増すと、自然に声が出てくるものである。あるいは声は出さなくても、友だちと楽しく遊ぶことができるようになる。このことが、治癒へ

の第一歩である。誰でも、極度の緊張のもとでは話せなくなってしまう。援助者は、話すか話さないかにとらわれず、話す前提である安心感を提供することを心がけるべきである。要は、話せない状態を、まずはそのまま受け入れることが重要である。

(2) 発達障害児に対しては障害特性を理解して関わり　　　　得意な点を生かし弱い点を補う

たとえば広汎性発達障害児においては、聴覚情報の理解は悪いが視覚情報は理解しやすいことが多いので、教育に視覚的手段を活用していく。感情的に叱るとかえって問題行動を強化することになるので、落ち着いた口調で淡々と話しかける。単に「～してはいけない」と否定する言葉ではなく、「～すればいい」という具体的指示を与えることで適切な行動に変えていくことができる。

子どもの弱い面、苦手な面が、決して心がけやしつけの問題ではなく、多少の努力によってはいかんともしがたい障害特性であることを理解したうえで、その弱さを補うような関わり方をしていくことが重要である。一方で、達成できたことに関しては、ほめるなど肯定的に評価していく。プレイセラピーにおいて評価的な言葉は使用すべきでないという一般的な原則があるが、発達支援的に関わるときは、ほめることも大切である。

こだわりが強く興味に偏りのある子どもに対しては、それを矯正しようとするのではなく、ひとつのことにとことん没頭できることをむしろ長所とみなして、適応的な方向に伸ばしていくことを考える。定型発達の子どもと同じ枠にはめようとするのではなく、その子の個性をいかにして伸ばしていくかといった柔軟な見方をすることが有益である。

子どもの不適応は、周囲の人との相関関係によって生じる。まわりの人が、子どもの障害特性を受け入れ、それに合わせて寛容に関わっていけば、発達障害児も適応しやすくなる。

(3) 子どもは環境の影響を受けやすいので
環境への働きかけが重要である

　子どもに対して親が不適切な対応をしているために、悪循環的に子どもの問題行動が悪化していることがしばしば見られる。このような場合、親に対する助言・指導が必要になる。その際、親の心理状態に配慮しながらサポートしていくことが望ましい。たとえば、落ち着きのなさ、忘れ物の多さを示す子どもが、家庭でネグレクト状態にあることがある。その背景に、親が精神疾患をもっていたり、夫婦の不和や経済的問題を抱えていることがあり、福祉的な援助が必要になる場合もある。ADHDと簡単に決めつけないで、背景にある要因を理解してサポートしていくことが必要である。

(4) 問題行動に対しては
早期に発見して援助を始めることが重要である

　どのような問題行動であっても、長期化し慢性化したものは治りにくいのが一般的である。その状態から脱するのに大きなエネルギーが必要になり、回復へのハードルが高くなるからである。また、長期化している間に不適切な対応が重なり、親子関係がこじれてしまい、さらなる情緒的問題が積み重なっていく。

　学校や周囲の大人が子どもの問題行動に気づいたら、早くから対応を考え、相談機関につなぐなどの配慮をすることが望ましい。

(5) 支援においては
ささいな良変化も見逃さず根気よく関わる

　子どもは変化しやすいので、ささいな良変化も見逃さずに評価していく。そのような変化を親に伝えていくと、それが希望となって、親は子どもと平静に関わっていける。一方で、問題が複雑で援助が長期にわたる場合でも、焦らず忍耐強く子どもと関わることが重要である。

　援助に携わる人には、子どもの状態を客観的に捉える冷静な態度、子どもと波長を合わせられる共感性と繊細な感受性に加えて、ユーモア、楽観性、大らかさも必要である。

(6) 先のことを心配するよりも
今できる最善のことを積み重ねていく

　親は先々のことを心配して、それを子どもの前で口に出してしまう。あるいは焦って子どもを叱咤激励したりする。子どもは不安を吹き込まれてますます不安定になり、症状が悪化する。親の期待や願望を押しつけるような言葉も、子どもにとって負担になる。このようなことが繰り返されると、親への安心感や信頼感が損なわれることになる。苦しんでいる子どもの現実を受け入れることが、親にとっての課題となる。

　何年も先のことは誰にも見通せないのであり、そんなことよりも、親が今できる最善のことを積み重ねていけば、おのずと良い未来が訪れるであろう。

　未来への心配に圧倒されている親に限って、現在の親子関係をしっかりと築くことがおろそかになっていたり、親が不安にならないように無理やり子どもを操作して動かそうとする。このことが、子どもの状態を悪化させ、親子の信頼関係を損ない、コミュニケーションを失わせてしまう。親子の会話が失われることは、子どもに心理的な孤立無援の状態をもたらし、ひきこもりのリスクファクターとなる。親は、いま、子どもと良い関係を築くことを大切にしないと、かえって問題を長期化させることを認識することが重要である。

　最も大切なことは、親子が信頼関係を築いて、親が何らかの目的や意図のもとで子どもに言葉をかけるのではなく、それじたいが楽しいささやかな日常的な会話を親子で積み重ね、それが子どもにとって快適な体験になることである。このような体験の積み重ねが、子どもが生きていくための支えとなる。

　基本は、こんなにも簡単な、ごく当たり前のことである。

おわりに

　子どもは、共感される体験によって共感性を身につけ、慰められ

る体験によって、自分の感情をコントロールする力を身につけていく。また、尊重されることによって、主体性を育て、自分を大切にすること、他人を大切にすることを覚える。

　子どもの心理療法をしていると、子どもは自分自身がされてきたことを繰り返していることに気づく。親に暴力をふるわれた子どもは、他人に暴力をふるう。親に信頼を裏切られてきた子どもは、平気で嘘をつき他人の信頼を裏切る。

　子どもは大人や社会を写す鏡である。親として、専門家として、子どもと関わる時、つい上の位置に立って、子どもの悪いところを直そうとしがちである。しかしその前に、大人自身の姿勢を変えるという謙虚さが必要である。子どもを変えようとするよりも、大人が自分自身の対応を変えた方が、子どもの変化は早く訪れる。

　大人は次のように自問するのがいいと思われる。
* 子どもを自分とは別の人格としてみなし、子どもの内的世界を尊重できているか。
* 子どもの主体性を尊重して、会話しているか。
* 子どもを自分の思い通りに動かそうとしていないか。自分自身の欲望を子どもによってかなえようとしていないか。あるいは、子どもの否定的な面ばかりを見ていないか。

　最も大切なことは、子どもを信頼することである。どんなに問題と感じられる行動をしている子どもであっても、どこか良いところをもっている。大人はつい子どもの悪いところに目を向けがちであるが、良いところを見つけてほめることが大切である。人間性を否定され、不信の目を向けられた子どもが、他人を信頼し、前向きな気もちになれるだろうか。

　実際に行うのは難しいことであるが、どんなことがあっても子どもを信頼し続ける大人の存在が、子どもを立ち直らせる支えとなることを忘れてはならない。

文　献

遠藤太郎・田村立・染矢俊幸〔2006〕「脳科学の視点から」『そだちの科学』7（特集：愛着ときずな）、24-29。

James, B. (Ed.) 〔1994〕 *Handbook for treatment of attachment-trauma problems in children.* Lexington Books. 三輪田明美・高畠克子・加藤節子訳〔2003〕『心的外傷を受けた子どもの治療――愛着を巡って』誠信書房。

Kanner, L. 〔1972〕 *Child Psychiatry.* C.C.Thomas.

小枝達也〔2002〕『ADHD、LD、HFPDD、軽度MR児保健指導マニュアル』診断と治療社。

Levy, T.M. (Ed.) 〔2000〕 *Handbook of Attachment Interventions.* Academic Press, California.

杉山登志郎〔2005〕「学童期における心と脳の発達」『そだちの科学』4（特集：学童期のそだちをどう支えるか）、6-13。

杉山登志郎〔2007〕「発達障害のパラダイム転換」『そだちの科学』8（特集：発達障害のいま）、2-8。

Chapter *6*

思春期のクライエント
—— 心理的援助における工夫 ——

はじめに

　一般に、思春期の子どもの心理療法は難しいと言われる。援助者として、困難を感じた思春期の事例を経験している人は多いだろう。思春期の事例は、援助者の弱点や陥りやすい逆転移をあらわにすることが多い。その点で援助者に傷つきをもたらすが、援助経験から学ぶことも多いように感じられる。

　思春期の心理は不安定であり、症状も浮動的でとらえにくい。「身体化」や「行動化」が多く、「全か無か *all or nothing*」という極端な思考に陥りやすい。悩みを言葉で表現することが難しく、面接していても沈黙が多くなりがちである。よく話す場合でも、知性化が優位で、観念的な言葉が多かったりする。言語表現がストレートではなく、アンビバレントな表現、防衛的な歪曲や強がりが見られるので、言葉の表面にとらわれると真意を理解することに失敗してしまうという難しさがある。

　また、「自立と依存の葛藤」が援助者とのあいだでも見られる。甘えたいが、距離をとりたくて、拒否的な態度をとる。時期尚早な自立を試みたり、自立したいが見放されるのは不安に感じるなど、援助者にとっても心理的距離のとりかたが難しく感じられる。

　このような思春期のクライエントに対しては、援助者の年代や性別の与える影響が大きいと思われるため、両者の組み合せに配慮することが望ましい。援助者がまだ思春期心性から抜けきれていないと「共振れ」のような現象が起きて、援助関係が不安定になることがある。

思春期のクライエントに対する工夫

　思春期のクライエントに会うときには、援助者に、一般的な心理療法の原則にこだわらない柔軟性が求められる。

(1) 病理を過大視しない

　思春期は、だれにとっても不安定な時期である。自己評価が定まらず、ささいなことで劣等感を抱きやすく、他者からの評価に過敏になる。そこから、他者のさまざまな言動が気になり、自己に関係づけて解釈しやすく、時には妄想的になる。また、多くの人が対人恐怖的な心性をもっている。このような思春期の特性を理解し、クライエントの言動を病理として見すぎないことが重要と思われる。病理の客観的な見立てはもちろん重要であるが、思春期に一過性にだれもが経験するようなことに対して診断的な目で見すぎてしまうと、援助関係の妨げになることを認識しておくべきである。

　思春期のクライエントの場合、関係念慮や対人恐怖と思われた症状が、いつのまにか気にならなくなり、本人にとって深刻なものでなくなっていることも多い。解離症状でさえ、いつのまにか消失していることがある。このような成長による自然な変化があることを、念頭に置いておくといいだろう。クライエントが、自分の問題を過大視し、自分だけ異常なのではないかと不安がることがある。その場合、けっしてクライエントだけに見られる異常な症状ではなく、その年頃では多くの人が経験し、そのうち自然におさまることが多いといった説明が、クライエントを安心させる。その安心感から、悩みや問題にとらわれるのではなく、なんとか悩みを抱え、折り合いをつけて日常生活を送っていくなかで、悩みじたいが薄れていくことが多い。悩みをどうとらえ、どう対処するかの工夫を身につけることが、治癒への第一歩であると思われる。

(2) 直接的アプローチにこだわらない

　思春期であっても、言語化能力が高く、悩みが明確であり、それを話す人に対しては、じっくりと聴く。傾聴することは基本的に重要である。しかしそうでない場合、問題に直接アプローチして「意識化」「言語化」させるという方法は、クライエントに無用な抵抗を生じさせやすい。

　傷を負っているクライエントに対して、援助者は、その傷に触れることがクライエントの負担になると判断した場合には、あえて傷

に触れずにおく配慮が求められる。傷に対して十分な配慮をもって保護し、心的エネルギーが回復するような関わりをして、心身の全体が回復するのを待つ。そうすれば、自然治癒力が活性化され、結果的に傷も癒えやすくなる。医学的治療法においても、患部を切除する根治的な治療法と、患部はそのままにしてケアする保存的な治療法があるが、これは保存的治療法の考えに近いだろう。

　そして時が過ぎて、クライエント自身がその傷についてすっかり忘れているようであればそれでよいし、もし語りたくなる時がくれば耳を傾ける。あくまでもクライエント中心の態度が望ましいだろう。外傷性の記憶についても、むやみに想起させたり表現を促すことは、クライエントを不安定にさせる。

　知的能力の高いクライエントは弁が立つことが多いので、つい援助者は問題に直面化させ、それを話題にしようとしがちである。しかし、いくら知的に高くても、思春期のクライエントにとっては、このような話題が負担に感じられることが多い。また、知的発達と情緒的発達とのあいだに大きな落差のあるクライエントもいる。沈黙が続くとき、援助者が直接的アプローチに偏りすぎていないか、反省する必要がある。クライエントが生き生きと話す日常的な話題をこそ大切にするべきである。

　一般に直面化の技法は、大人のクライエントに対しても、よほど機が熟し、信頼関係が深まり、クライエントの自我が強く精神的余裕のある場合を除いて、クライエントの反発を招き、援助関係を悪化させることが多い。クライエントが問題の多い行動をしたり、あるいは矛盾したことを言っても、できるだけ援助者のなかで理解を深めるようにし、指摘するタイミングを慎重にはかることが必要である。

　また、「なぜ〜したのか」と理由を問うと、クライエントは批判された、責められたと感じることが多いので、このような問いは極力避けるべきである。クライエントが意識化に強い抵抗をもつことであるほど、直面化を急ぐべきではない。問題が深く、直面化させることが必要であると援助者が感じる時ほど、直面化には慎重を要するのが現実である。

援助者が侵入的にならないこと、さりげなく配慮することが重要である。**問題にあえてふれないような節度と思いやりのある援助者の態度によって、クライエントは援助者への信頼を深めることができる。**

(3) 問題の言語化にこだわらない

　思春期のクライエントは、心理的問題を意識化・言語化することが難しいという特徴をもつ。そのため、「絵画療法」や「箱庭療法」などの非言語的手段を用いることが有効である。言葉にできないものを、言葉以外の媒体で表現するのである。そのさい援助者は、絵画や箱庭などの作品に対して、一義的な象徴解釈に陥らないことが肝要である。むしろ、作品が内包する豊かな世界を共に体験するという姿勢が重要である。また、絵画や箱庭を介在させることには、面と向かうことによる緊張を緩和し、かえって言語表現を促進するという利点もある。

　思春期のクライエントは、他者とのコミュニケーションの通路が非常に限られていることが多い。援助者は、たとえどんなに狭い通路であっても、そこに波長を合わせて関係を築かねばならない。そのためには、山中〔2000〕のいう「窓 channel」を見つけてそれに「同調 tuning in」するという関わり方が有効である。クライエントの好きなこと、関心をもっていることを尊重し、多くは他者と共有されない孤独な関心であったものに援助者が積極的に関心を向け、援助者も生き生きと目を輝かせることが治療的である。クライエントは、興味のあること——パソコン、アニメ、漫画、イラスト、お笑い、鉄道、戦闘機、石など——についてはきわめて豊富な知識をもっていることが多いので、クライエントに教えてもらうという態度が、クライエントの自尊感情を高めるのに役立つ。

　私もクライエントからたくさん教わり、関心の幅を広げることができた。私が色々なことに関心をもつので、「先生も、興味ありそうでしたね」「先生に喜んでもらえて、うれしいです」などと言われたことがある。私自身も好きなことがふえた。また、クライエントにできる作業を依頼することもある。クライエントが、だれかの

役に立っている、だれかに必要とされていると実感できることは、生きる意欲を高めるのに役立つ。

　クライエントが興味をもっていることをただ聴くだけでなく、一緒にすることも治療的である。私の経験でも、プレイルームの中で卓球、バドミントン、野球、バレーボールもどき（？）などをして一緒に体を動かしたり、人生ゲーム、サッカーゲーム、野球ゲーム、オセロ、五目並べなどをしてきた。卓球ではクライエントの打った球を正確に返してラリーを心がけたり、バドミントンではフェイントのようなことをして笑いあった。ゲームでは、クライエントに勝たせようと手加減したり、腕が立つクライエントとは真剣勝負したりと、そのクライエントの状態によって対応を工夫した。

　増沢〔2007〕は情緒障害児短期治療施設で、子どもといっしょに鳥の巣箱を作ったが、興味もないのに興味のあるふりをするとうそになるので、いつも本気で熱中して作ったという。その子どもが後で振り返って、援助者が一緒に鳥の巣箱を作ってくれたことが一番うれしかったと言ったという。

　不登校の中学生の少女が、いつも午前の面接の時に、朝ごはんを食べるひまがなかったと言って、食べ物を買ってきて援助者の前で食べていたことを思い出す。食べ物の持込は原則としては禁止事項であるが、その少女の母親が精神疾患で家庭でのケアに欠けていたことから、援助者の前で食事をすることに治療的意味があるのだと感じた。その少女は、まるで面接室が家庭の一室であるかのようにくつろいだ様子で食べていた。好きな音楽のCDをもってきて援助者と一緒に聴いたり、好きな漫画をもってきて援助者の前で読んでいた。私はただ見ているだけであったが、そのようにして見守ってくれる人の前で、食べたり、好きなことをして過ごしたかったのだろう。

　このように言語化にこだわらず、ともに行動したり行動を見守ることが、治療的である。思春期のクライエントの外出につきそったとき、「いつもは外出すると緊張するけど、先生といると安心する」と言われたことがある。一緒に行動していくなかで、クライエントがポロリと悩みを話したりすることも多い。後で懐かしく思い出さ

れる出来事とは、人に言われた言葉の内容よりも、その人と一緒に何かをして過ごした心地よい時間ではないだろうか。

(4) 言葉の表面にとらわれない

　思春期のクライエントは、言葉で本心を表現することが苦手である。自分の感じていることをうまくとらえられていないために、言葉による表現が不十分で、援助者にもよくわからないことが多い。わからないからといって質問しすぎると、クライエントには侵入的に感じられるので、援助者が想像で補って「～ということかな？」「～という感じかな？」と代弁することが有効である。

　またクライエントは、思っていることと反対のことを言ったり、何重にもひねった表現をしたり、強がりを言ったり、理屈でけむに巻いたりするので、そのような言葉の表面にとらわれず、クライエントの表情や言い方などから総合的に理解して対応していくことが望ましい。強がりを言いながら、目に涙がにじんでいるようなことがある。言葉の表面だけをとりあげて解釈を加えるようなことは慎みたい。

(5) 会話をはずませる

　クライエントが興味をもっている話題で雑談することが有効である。雑談においては、ただ傾聴するというカウンセリングの型にとらわれず、相互性をもって楽しく会話がはずむ時間になるように心がける。時には援助者の知っていることや意見をまじえながら、できるだけ対等な雰囲気で会話する。

　彼らにはそのような時間を友人ともつ機会が少ないと思われる。人と会話することが楽しい経験であり、もっと話したいと思えるような会話の相手になることが重要である。そのためには、日ごろから関心や知識の幅を広げ、若者文化への理解をもっていると役に立つ。私は「おもしろい」と言われることが時々あるが、自然にとぼけた味を出したり、とても大らかだったり、ユーモアの感覚をもつことが大切と思われる。あまり専門家然としすぎない方がいいと思われる。

(6) 個人的な質問に対して

　思春期のクライエントは、切実な質問をストレートに投げかけてくることがある。あまりにもプライベートなことに対しては答える必要がないが、人生の先輩として個人的意見を求められたときには、できるかぎり誠実に答えるのがよいと思われる。

　援助者の趣味、好きな歌手やお笑い芸人、学生時代の部活、居住している県などをきかれることもあるが、援助過程への悪影響が危惧されないかぎり、そのまま素直に答えればよいと思われる。ここで、質問の心理的背景を解釈したり、受容的応答という型や、個人的なことを話してはいけないという原則にとらわれすぎると、援助関係じたいが損なわれることがある。

　思春期のクライエントと会うときには、自分自身の経験した思春期を思い出すとよいだろう。その頃の感じかたは、大人とは違っている。また、真剣な問いかけに対しては、日頃から問題を掘り下げて考えていることが必要である。援助者には、経験を広げる作業と深める作業の両方が、日常生活においても求められる。

(7) 悩みを解決する方法は多様である

　田嶌〔1995〕は、人が悩みや問題を克服する道筋は多様であり、多くは日常のさまざまな経験のなかで癒されたり励まされたりしているのであるが、密室カウンセリングにこだわりすぎると、このごく自然なことがしばしば忘れられることを指摘している。「一時的にちょっとした直接的手助けや幸運な経験の機会を得ることで困難を乗り越えていくというのが私たちの人生ではありふれたことであり、内面を探究してしかる後に困難を克服するというのはむしろ特異的で例外的な乗り越え方である。とりわけめざましい成長期にある学齢期の生徒たちは、他者からのちょっとした手助けで乗り越え、後は特にそういう援助はなくともうまくやっていけるということがしばしばある」と述べている。

　また、問題そのものに取り組まなくても、他のことにエネルギーを注いでいるうちに、問題そのものが気にならなくなることもよくある。実存的な悩みがあっても、恋人ができたりして毎日の生活が

楽しくなれば忘れてしまう。現実生活がうまくいっていないと、実存的な悩みを引き寄せてしまうのである。したがって、問題そのものに直面して解決するという方法にこだわらない柔軟な対応が望まれる。

　たとえ問題が解消しなくても、なんとか工夫して折り合いをつけて生活していければ、クライエント自身が納得することもある。学生相談などでは、いつのまにか来談しなくなり、元気に過ごしていたりする。したがって、心理的援助の自己完結性にこだわるべきではない。

(8) 試行錯誤を尊重する

　援助者から見て、まだ完全にはよくなっていないように思われても、クライエントが自分でやってみたいと言ったときには、できるだけそれを支持したほうがよいだろう。あまりにも無謀と思われることは、よく話し合って考えさせたほうがよいが、少々不安に感じられるクライエントの行動・計画であっても、クライエントが主体的・能動的に決めたことならば、尊重してやらせてみることである。その際、困ったときにはいつでも相談に来るようにと言って「帰ることのできる場所」を保証し、見捨てられたような印象を与えないことが大切である。

　この点で私は、慎重で安全を志向しすぎるところがあるため、反省させられることが多かった。

(9) 理想と現実のギャップに対して

　思春期は、理想と現実のギャップが大きい時期である。このことが、進路の選択などに際して問題になってくる。小さな頃から成績優秀だったりして、過去の栄光をもつ人ほど、プライドが高く、高望みをしがちである。現実に見合わないプライドの高さ、「自分は他の人とは違うのだ」という誇大な自己像が言葉のはしばしから伺えたり、成績という単一の価値観で他人を軽蔑する発言をしたりするクライエントに対して、援助者は辟易したり、これではクライエント自身が生きにくいだろうと思わされることがある。その単一の

価値観は、多くの場合、親から植えつけられたものである。

　目標をより現実的なものにするように、あらかじめ話し合うことはあってもよいと思うが、現実をつきつけて諦めさせるといったクライエントの自尊心を傷つける行為はすべきでない。最終的には本人の意志を尊重して、失敗したときに十分なサポートができるように準備しておくことが大切である。自分自身が選択し、失敗したことから、学ぶものは多いのである。

　多少の失敗は乗り越えられるのであり、長い人生から見ると、そのような失敗経験が生きる力になることを、援助者は知っている。内心では心配しながらも、「なんとかなる」といった大らかな態度で接することが望ましい。

(10) メールや電話の併用

　枠組みや治療的距離を重視しすぎると、思春期のクライエントにとっては心を開きにくいことがある。心理療法の枠組みを守ることは重要だが、不信感が強く、防衛の殻が強固で、人と関係を築きにくいクライエントには、ちょっとした配慮や連絡のメールを面接と面接のあいだに送っておくと、関係を形成しやすくなる。たとえば、ひきこもりがちのクライエントには、メールや電話を併用すると、コミュニケーションがとりやすくなる。一見、拒絶的なクライエントも、自分から援助を求めることはできないが、援助者からの連絡を内心待っていることがある。いずれは、みずから援助を求められるように成長していくことが望まれるが、虐待的な環境に育ち、周りから助けてもらった経験のない人ほど、他人に自分から助けを求めることができない。心理療法への動機づけがあり、心理療法をみずから求めてきた人だけに援助するという原則にこだわると、援助関係を築くことじたいが難しいだろう。

(11) 援助者が多面性をもつこと

　時には、まるで友だちのようであったり、姉（兄）や母（父）や先輩のようであったりと、常に柔軟に援助者から働きかけたり、親しみやすさを感じてもらえるような工夫が必要である。時にクライ

エントから「不思議な人」と言われることがあった。援助者のなかに、人生経験のある大人と、生き生きした無邪気な子どもがいて、特定の何かという役割に当てはめにくい多面性をもっていることが、特に思春期のクライエントを援助する際には有効であるように思われる。

　クライエントから「母性的イメージに抱かれる経験をした」「太陽の光が降り注ぐように暖かい気持になった」など、母性的なイメージを抱かれることがあった。「なにをしても許してもらえると思った」と、退行したクライエントもいた。一方で、「自分がなにを言っても少々のことではびくともしないと思った」と強い父性的なイメージを投げかけて、激しい攻撃性を向けてきたクライエントもいた。退行や攻撃性の表現は、心理的援助の過程で必要なことであった。

おわりに

　思春期にあるていど羽目をはずし逸脱行動を示すことは、健康な発達にとって通過せねばならない経験であり、脱皮や自立への原動力となりうる。このような行動化を、あるていどは覚悟せねばならないだろう。

　思春期の子どもは不完全で欠点が目につくことが多いが、だれでも思春期にはそうなのであり、大人の価値観で見すぎないことが大切である。援助者が狭い枠組みにクライエントを閉じ込めようとせず、これから伸びゆく成長過程にある人として、長い目で寛容な心をもって接することが、とりわけ重要と思われる。

　また、どんなに強がりを言っても不安定で傷つきやすいことから、外見に惑わされずに保護的な態度をとることが必要なときもある。基本的信頼という情緒的発達の土台が脆弱なまま、外面的成功によって生きてきた人は、思春期に大きな挫折を経験しやすい。その場合も、もう一度育ててゆくという心もちで、保護的に接することが大切である。

拒否や反抗、あるいは両価的な態度を示されたり、ストレートに真剣な問いをつきつけられたりして、援助者として対応に悩んだり迷ったりすることも多い。しかし、援助者が忙しい日常と常識的生活のなかで、つい見失いがちな視点を思い出させてくれるのも、思春期のクライエントである。援助者が、自分自身の限界や欠点を認識し、心理的援助における工夫を考えていくうえで、思春期の事例から学ぶものは多いと感じる。

　援助者の「人間性」をもっとも厳しく見立てているのは、思春期のクライエントではないだろうか？

文　献

増沢高〔2007〕パーソナルコミュニケーション。
田嶌誠一〔1995〕「密室カウンセリングよどこへゆく」『教育と医学』43(5)、26-33.
山中康裕〔2000〕『こころに添う』金剛出版。

Chapter 7

不登校児への理解と援助
―― 心の問題にどう向きあうか ――

はじめに

　不登校は 1975 年以降に増加した。これは高校進学率が 90%をこえた時期と一致しており、だれもが高校へ行くのに自分だけが行けなかったらという不安が生じた〔門, 1995〕と同時に、だれもが進学できるとなると、進学が子どもにとって能動的・主体的な努力目標・夢ではなくなり、また学校の聖性・絶対性が失われたためと考えられている〔滝川, 2004〕。

　1992 年に文部省（現文部科学省）が「不登校はどの子にも起こりうる」という報告を出して以来、不登校に対するさまざまな取り組みがなされてきた。しかし、文部科学省の学校基本調査〔2009〕によると、小学校・中学校の不登校は 2001 年まで増加し続けた。2001 年に 13 万 8722 人でピークに達し、その後やや減少傾向にあったが、2006 年、2007 年に再び増加している。2008 年にはやや減少しているものの、全児童生徒数に占める割合としては横ばい傾向にあるといえる。中学生では 2008 年に不登校が全児童生徒数に占める割合が 2.89%（35 人に一人）であり、およそ 1 クラスに一人はいる結果となっている。

　このように、さまざまな取り組みがなされてきたにもかかわらず、不登校は減少していると言えない。さらに、教育支援センター（適応指導教室）やフリースクールに通っていても出席として扱ったり、保健室登校や別室登校なども含めて考えると、不登校の実数はもっと多いことが推測される。

　また、最近の不登校の特徴として「多様化・複合化」という現象がある〔伊藤, 2004〕。その一つとして、学校に行かない生き方が一つの価値観として広く認められるようになったため、葛藤のない明るい不登校が増加していることがあげられる。「学校に行きたくないから行かない」というもので、親もそれを許容している。「フリースクール症候群」といって、フリースクールのような自由が保証された場には適応できるが、そこから卒業できずに年齢を重ねる人も

ふえている〔鍋田, 1999〕。

　学校では、教師が登校刺激を与えないという対応が徹底されたように見える。しかし、不登校のタイプや回復の段階によっては登校刺激を与えたほうがよい場合もあり、不登校への対応は必ずしも一般化できず、個々の事例に即して考えるべきである。登校刺激を与えないということが関わりをもたないことと誤解され、不登校児や親が学校から見捨てられたように感じていることも少なくない。

　伊藤〔2003〕による保護者への調査では、学校への不満として、「家庭訪問・連絡も少なくて見捨てられたように思う」(25.1%) という回答が多く見られた一方で、「性急に登校を求められるのが辛い」(10.2%) という回答が見られた。このように保護者は、性急な登校刺激ではなく、子どもへの配慮を求めている。また、学校への評価としては、「教師が相談に乗ってくれた」(50.1%)、「別室登校などの措置をとってくれた」(44.6%) という回答が多く見られた。教師が保護者を支え適切な対応をすることが、必要であることがわかる。

　田嶌〔1995〕は、不登校児に対して学校現場にいる教師にしかできない対応があると述べている。教師はカウンセラーではないから、あくまでも教師としてできることをすればよいが、カウンセリングマインドを研修などで教え込まれることで、かえって中途半端な行動をとらせているように見えることがある。しかし一方で、不登校児の心理状態について知ることは、適切な対応をするために重要であり、心理的援助の専門家との連携が必要になるだろう。

不登校のタイプによる対応の工夫

　子どもの不登校状態が継続している理由をもとに、文部科学省が行っている分類に基づいて、対応のあり方を述べる。

　a. **学校生活上の影響の型**　学校での対人関係、いじめ、教師との関係などが要因になるもので、この問題の現実的な解決が望まれる。本人に病的な問題がない場合には、学校でのストレスがなくなるこ

とで登校できるようになることが多い。

　b. **あそび・非行型**　非行グループに入っているなど、学校をさぼってどこかで遊んでいる。教師の指導、働きかけにより、登校するようになることがあるため、積極的な働きかけが必要である。本人が相談に訪れることはめったにないが、心配した親から相談を受けることがある。本人は、心のどこかでは助けを求めているのかもしれないが、だれかに相談して問題を解決したいという動機が希薄であることが多い。生活指導の教師が熱心に働きかけ、悩みを聴くことで、立ち直った例がある。

　c. **無気力型**　無気力で何となく登校しない。罪悪感が少なく、迎えに行ったり強く勧めると登校するが、長続きしない。このタイプに対しても、登校への働きかけが必要である。

　d. **不安など情緒的混乱の型**　登校の意志はあるのに、不安や身体の不調を訴えて登校できない。学校に行かねばならないと思っているのに行けないため、葛藤が強い。そのため、登校刺激を与えると状態を悪化させる。

　e. **意図的な拒否の型**　学校に行く意義を認めず、自分の好きな方向を選んで登校しない。このタイプは本人自身の意志によって登校しないことを選んでいるとされる。おとなの考えを押しつけるのではなく、本人の意志を尊重して、じっくり話し合うのがよいだろう。

　しかし、特に小・中学生の場合、本人の意志がどこまで確かなものかは疑問である。本人は自分の意志だと言っても、その背景に他者への不信や恐怖、過去の傷つき体験があったり、親の意志が働いていることがある。不登校の小学生が「一生、学校に行かない」と宣言したことがあった。その時の気もちは真実だとして受けとめるとしても、子どもに特有の視野の狭さや認知の偏りが考えられるため、言葉を字義どおりに受けとめるだけではなく、なぜそう思うようになったのか、よく本人の考えをきいて理解を深めるのがよいだろう。

　あとは、f. 複合型、g. その他がある。

　このように、不登校児への対応はタイプによって異なる。学校生

活上の影響の型では具体的な問題の解決が、あそび・非行型、無気力型に対しては登校を促す働きかけが効果的である。ただし、一見「無気力」型や「意図的な拒否」の型に見えるものにも、病理的な問題が潜んでいる可能性があるため、慎重な判断を要する。不安など情緒的混乱の型の子どもの回復過程で、無気力になる時期もある。また、学校でのいじめにより心的外傷後ストレス障害（PTSD）などの精神症状を呈して、学校に行けなくなっている場合もある。

　不安など情緒的混乱の型は、身体症状や精神症状を呈して治療機関を訪れることが多い。私は病院や大学の付属相談室で臨床経験を重ねてきたことから、症状を呈して不登校に悩み苦しむ子どもたちに出会うことが多かった。このタイプは、本人が学校に行けないことに葛藤を感じているため、登校刺激を与えず、まず心身の回復のための休養を積極的に保証することが治療的である。

　次に、小泉〔1973, 1980〕による分類をあげる。
　a．神経症的登校拒否
　これは以下の三つの下位タイプに分類される。
　　①分離不安　②優等生の息切れ型　③甘やかされたタイプ
　b．精神障害によるもの
　c．怠学（無気力傾向と非行傾向）
　d．発達遅滞を伴う
　e．積極的意図的登校拒否
　f．一過性のもの

　小泉によると、小学生の神経症的登校拒否では、分離不安によるものは低学年に多く、優等生の息切れ型は高学年、甘やかされたタイプは中・高学年に見られる。中学校では、甘やかされたタイプが多く、優等生の息切れ型、怠学、精神障害によるものも現われる。高校では、優等生の息切れ型、甘やかされたタイプともに心理的独立の葛藤・挫折と理解され、積極的意図的登校拒否、精神障害によるものも増加するという。

　小学校低学年に見られる分離不安による不登校では、親が一緒に登校してそばにいれば学校で過ごせることが多い。実際に母子登校の取り組みがなされており、子どもが学校に慣れて教室で安心して

過ごせるようになるにつれて、徐々に親が一緒にいる時間が少なくてすむようになる。このような取り組みは、子どもが学校に慣れるまでの対応として有効である。

　最近の特徴として、発達障害により学校不適応をきたしているケースがふえている。高機能自閉症、アスペルガー障害、ADHD（注意欠陥多動性障害）、学習障害などである。高機能自閉症やアスペルガー障害では、社会性の発達が遅れているため、集団行動に従えなかったり、社会的文脈の理解が悪いために場にそぐわない言動をしてしまい、それが原因で孤立したり級友からのいじめにあい、学校に行けなくなることがある。ADHDの子どもの場合、「落ち着きがなく忘れ物が多い」などの理由で教師から叱責を受けることが多く、自己評価が低下して不登校になることがある。発達障害をもつ不登校児に対しては、発達障害に対する理解をまず保護者と教師にもってもらう必要がある。多くの場合、「怠け」や「性格上の問題」として否定的に見られ、誤った対応をされているからである。しかし発達障害があるからといって、情緒的問題がないがしろにされることがあってはならない。情緒的障害が生じていれば、発達障害がベースにあることを考慮しつつも、基本的には情緒的障害に対する対応を優先するべきである。

　中高生の不登校では優等生の息切れ型が多いという印象をもつ。学業成績などが優秀でそれまで問題なく過ごしてきた人が、何らかの挫折体験により、あるいはわけもわからないまま学校に行けなくなる。生育史を見ると、親の期待どおりの優等生であったことが、極端な自己犠牲の上に成り立っていたことが多い。幼い頃から、親の顔色をうかがい親の期待に合わせようとする態度が身についていて、自分自身の要求や感情すらわからなくなっている。親が一方的に期待を投げかけ、親が理想とする型にはめ、親の自己愛的要求を子どもによってかなえようとしてきたことが多い。もともと過敏な子どもは、親の要求を敏感に察知し、ありのままの自分を出すと受け入れてもらえないと感じる。そのため、極端に感情表現や自己主張に乏しく、他者とのコミュニケーションがうまくとれなくなっている。

このような子どもは、無意識的に他人の顔色をうかがうため、対人場面で緊張して疲れやすく、独特の傷つきやすさをもつ。アイデンティティ確立の問題に直面する思春期に至ったとき、自己形成の不全、主体性のなさ、他者とのコミュニケーションと関係形成における困難が顕在化して苦しむことになる。この場合、あらわれた問題は不登校であっても、積み残された発達課題をやり直すために、人格発達への支援に取り組むことが必要になり、長い生育史的問題をもつ人ほど心理的援助も長期にわたることが多い。

治療を必要とする不登校

　不登校のなかでも、上述の「不安など情緒的混乱の型」「神経症的登校拒否」に対しては治療が必要になる。門〔1995〕によれば、不登校とは「学校へは行きたい、あるいは行かなければならないとは思っているが、いざ行こうとすると、不安がつのり、どうしても行けないという状態」と定義される。登校に関する不利な条件として門は、子ども・家庭・学校・地域・社会をあげている。社会の側の不利な条件は、高い高校進学率であり、親の側の不利な条件は、学校へのこだわり、学歴主義、世間体である。子どもの側の不利な条件には性格がある。それは、完全主義、潔癖、内気で神経質、友だちづきあいに消極的、感受性が鋭くて傷つきやすいなどである。これらは登校に関しては不利な条件であるが、「不利な条件が有利な条件に変わるような場で生きることを考える方が望ましい場合もあろう」と述べている。

　門は不登校を二つの段階に分けて記述している。上述した不利な条件が絡み合って、ある日、子どもは登校時に非常に大きな不安を覚え、登校できなくなる。これが不登校の第一段階であり、頭痛・腹痛・発熱などの身体症状で始まることが多い。これは子どもが「精神的に疲労困憊している状態」であり、学校に戻すことよりも疲れをとることを考え、「休養」を保証せねばならない。ところが、ここで大人が対応を誤り、子どもの疲れがたまるような対応をし、

将来への不安を吹き込むと、子どもは罪悪感・不安・葛藤を膨らませ、第二段階として情動面や行動面の症状が出てくる。こうなると病気であり「治療」が必要になるという。

また門は、不登校の定義に基づき、先に精神障害があり、そのために登校できない場合は病欠と考えるべきであると述べている。精神的な疾患の場合も身体疾患と同様に病欠と考えるべきであろう。

心理的援助のありかた

相談機関を訪れる子どもの多くは、学校を休んでいることに不安・罪悪感・葛藤をもっている。「学校に行かなければ」と人一倍強く思っているのに、どうしても行けないからである。

心理的援助においては、学校を休んで充分に休養することを保証し、そのことが結果的には早い回復をもたらすという見通しを伝える。すると、子どもは安心して休めるようになり、それが回復への第一歩になる。家にいても、学校を休んでいることで不安・焦り・罪悪感に苦しんでいると、休養にならない。まずは、子どもが神経をすり減らすことなく、心安らかに休めるようにすることが重要である。

一般的に、児童には遊戯療法を、言語能力の高くなる中学生以上ではカウンセリングを行う。しかし、中学生以上であっても、言葉によるやりとりを苦手とする子どもとは、プレイルームでいっしょにスポーツやゲームをして関わるほうが、子どもにとって安心できる。直接に面と向かって話し合うより、何かを媒体にしたほうが、緊張の高い子どもにとってはリラックスしやすい。それらの活動のなかで、子どもが攻撃性を表出することが治療的である場合もある。私は、言語表現にこだわらずに、子どもにとってできるだけ安心できる方法で関わることを心がけている。

援助者は、**子どもが学校に行くかどうかにとらわれず、「むしろ、いまは休んだほうがいいのだ」と考えて、どっしりと構えていることが望ましい**。無意識的にであれ、焦りや不安にかられて登校への圧力を

かけてはいけない。ゆったりと構えた援助者の態度に支えられて、子どもは回復していく。

　援助者は何よりも、子どもとの信頼関係を形成することが肝要である。子どもの関心のあることに耳を傾け、子どもの「窓」〔山中, 2000〕を通して関わり、援助者も波長を合わせる。このとき、その「窓」がどんなに狭くても、またどのような「窓」であっても偏見をもたずに、虚心に合わせていくことが重要である。そのことによって、子どもの自己表現が促進され、自信の回復につながる。子どもがまだ傷つきやすく、学校のことに触れてほしくないあいだは、援助者のほうから学校のことを話題にするべきでない。しかし、子どもが自発的に語ったときには共感的に聴く。子どもが安心して自己表現できる関係を築くことによって、子どもはそれまでの対人関係では得られなかった体験をする。それは、どのような自分を出しても受容し理解してもらえるという体験である。このことが他の場面での対人緊張をやわらげるのに役立つ。

　子どもに身体症状や精神症状がある場合、必要に応じて医療機関を紹介することも重要である。医療機関にかかることには、子どもも親も最初は偏見から抵抗を示すことが多いが、援助者が丁寧に説明し、紹介状を書いたり、個人的なつながりのある医師に紹介すれば、安心してもらえることが多い。医療と並行して援助する場合でも、心理的援助の基本は変わらない。

　家で安心して過ごし、徐々に心のエネルギーが回復すると、退屈を感じるようになったり、好きなことに熱中できるようになる。自分のペースで時間を過ごせるようになることが、回復の目安である。子どもが焦りを示したときには、子どもの状態を冷静に判断して、「いまは回復が第一だ」ということを伝える。

　子どもは、同年齢の人と会うと劣等感を刺激されるため、外に出たくないと言うことがある。この時期には、子どもの傷つきやすさに配慮して、家で過ごす時間を大切にするほうがよいだろう。

　少し回復すると、子どもは、「このままずっと学校に行けなかったらどうしよう」という将来への不安、勉強の遅れへの不安などを語るようになる。現実的な情報として、小・中学校であれば、この

まま休んでいても進級・卒業ができること、自分の好きな道に進みたい人には専門学校があること、中学校には行けなくても高校に行きたい人、あるいは高校を中退した人には、単位制・通信制高校、定時制高校などがあること、フリースクールやサポート校もあること、さらに高等学校卒業程度認定試験があることなど、いろんな選択肢があることを伝えると、親も子どもも安心する。ただし、これを早く伝えすぎると、「あきらめられた」「見捨てられた」と感じさせることがあるので、伝える時期については慎重な判断を要する。

また、勉強の不安に対しては、臨床心理学専攻の大学院生を家庭教師として派遣することもある。治療者的家庭教師の有用性は以前から認識されている。子どもも親も、一般の家庭教師では不安に感じることが多く、面接している援助者が直接指導している学生であることで安心するようである。実際には、家庭教師が行っても、子どもは勉強をほとんどせずに雑談していることも多いが、外の世界から来た人がやさしく接してくれることで、外界への恐怖が薄れ、外界との通路が開けやすくなる。

このように、心理的援助といっても、プレイルームや面接室で内面世界だけに関わるのではなく、必要に応じて医療機関への紹介、進路に関する情報提供、治療者的家庭教師の紹介などを行う。

さらに回復すると、子ども自身が「友だちがほしい」「同年齢の子どもと過ごせる場所がほしい」などの要求を語るようになる。その時期が来れば、教育支援センター（適応指導教室）、フリースクール、民間ボランティアによる不登校児のための居場所、子どもクリニックのデイケア、あるいは放課後登校、保健室登校、別室登校、行事登校などのなかから、最もその子どもにとって取り組みやすい手段を話し合って選ぶ。一つの段階を試み、その結果を見て、その後の対応について判断する。

外界への最初の一歩は非常に勇気がいるが、そこで大人から不用意な発言をされたことが、一歩を踏み出した子どもを脅えさせ、二度と外へ出たくないと思わせたことがあった。このようなことがないように、学校へ復帰するための一歩を踏み出そうとしている子ど

もと関わる人には、不登校に関する心理学的な知識を得て適切に対応してほしいと願う。

田嶌〔2005〕は、不登校の状態を判断するために、不登校・ひきこもり状態評定表を作成した【表1】。これは回復段階の目安として有益であり、教師や保護者にも役立つと思われる。田嶌が、長期に登校していない不登校児に登校を誘うには5～6以上の段階になってからが妥当であると述べているように、学校以外の場所に外出できるようにならなければ登校することは難しい。

表1　不登校・ひきこもり状態評定表〔田嶌, 2005〕

1. いつも自室で過ごす
2. 家族とほとんど顔を合わせない
3. ほとんど自宅で過ごす（食事などの時だけ自室から出る）
4. ほとんど自宅で過ごす（しばしば自室から出ている）
5. 学校以外の場所に時々外出する
6. 学校以外の場所にしばしば外出する
7. 時々登校するが、教室に入れない
8. 時々登校するが、教室に入る
9. 時々休むが、ほとんど登校

斎藤〔1999〕は外界へ一歩踏み出すのに貢献した要因として以下のものを挙げている。「第一に腹を据えた親の支持が存在したこと、第二にそれに守られて子どものこころの再建が一定水準まで進んだこと、第三に外部の情報が適切な量とモード（押しつけを感じさせない遠いラジオの声のように）で途絶えることなく伝えられていたこと、第四に適度な高さのハードルたる社会的活動の場がタイミングよく出現したこと、そして最後にその活動との結びつきを仲介してくれる人や機関が存在していたこと」である。

親の守りのなかで子どもの心は回復していくが、その間、外界とのつながりを完全には遮断してしまわないことが重要である。子どもが相談室を訪れることは、外界へとつながる通路があることを意味するため、そこが子どもにとって安心できる居場所になることを援助者は心がける。

子どもの回復のためには、親へのサポートが重要である。親は子

どもが不登校になれば動揺し不安をもつため、長期的な見通しを伝えて親を安心させる必要がある。「先生〔筆者〕に『思いきって学校を休ませたほうがいい』と言われ、最初は半信半疑だった。でも先生を信頼して、そうしてみたら、子どもは回復してきた」と、あとで振り返って親から言われたことがある。

　不登校が始まった当初、親は不安と焦りから、子どもを学校に行かせようとして叱りつけたり、強制的な手段をとることが多い。そこで、子どもと口論になることもある。このような対応は、子どもの状態を悪化させ、親子の信頼関係を損なう。そのときの恨みを、後々まで語った子どももいた。子どもは精神的に非常に苦しい状態であり、親が登校を強制すると、自傷行為や自殺企図をすることがある。しかし親がそのような強制をやめると、子どもの問題行動はおさまることが多い。

　また、しばらく休んだ後、子どもは、明日は学校に行こうと思い、「明日は行く」と言う。ところがいざ当日になるとどうしても行けない。それを見て親が「行くと言ったじゃない」と責め、子どもはますます自信喪失に陥る。行けなくて一番ショックを受けているのは子ども自身なのである。このような親の不適切な対応が、子どもの回復を遅らせることがある。親は、期待した分、裏切られたように感じるのだろう。このことは担任にも生じることがある。子どもが期待をもたせるようなことを言ってそれを実行できない場合に、嘘をついたというような否定的な見方をしてしまうことがある。担任にこのような目で見られると、子どもは安心して登校できなくなる。したがって、まわりの大人が、焦らずに長い目で見守ることが重要である。

　不登校が長期化すると、親は焦りから、合宿や全寮制の学校などに入れようとすることがある。そのような劇的な効果をねらった荒療治は侵襲性が高く、失敗すれば子どもの心を確実に傷つける。子どもはほとんどの時間を家で親と過ごす。その親が日々の不安に耐えられるようにサポートし、子どもに不適切な介入をしないように援助しなければ、子どもは安心して休養できないだろう。また、子どもに少しでも良い変化が見られれば、それを伝えていくと親は安

心するものである。

　親が子どもの苦しい状態を理解してすばやく対応を変え、長期戦を覚悟して子どもの回復を見守ると、かえって子どもの回復が早いことが多かった。「この子が生きてさえいてくれたら、それでいいと思った」と語った親がいたが、そこまで覚悟ができると、子どもの回復も早い。子どもにとっては、自分の存在そのものを受け入れられる経験となるだろう。

　他方、いつまでも学校のこと、学歴のことや将来の不安を言いつづけ、学校に行くように叱責しつづけた親は、不登校の長期化をもたらしただけでなく、さらに子どもの精神症状を悪化させ、外の世界に出ようとする力を子どもから奪っていった。このように、親の対応は、不登校からの回復にもっとも大きな影響を及ぼすといえる。

　また、援助者と学校の教師との連携も重要である。教師はクラスに不登校児がいると傷つきを感じ、どう対応していいかわからず不安であるため、専門的立場から助言することが有効である。親は教師への不信と反発から感情的になり、教師とのコミュニケーションじたいが断絶していることがある。そのような場合や、要求があっても親からは伝えにくい場合など、親の気持ちを代弁するかたちで伝えることで、両者のコミュニケーションを円滑にすることができる。

　実際問題として、学校によって不登校への取り組みには大きな開きがある。不登校児のための別室があり、そこに常に教師がいる学校では、子どもは再登校しやすい。また、担任の対応によって、子どもの状態が大きく影響されるのを見てきた。担任が細やかに配慮し、そのときの子どもにとって適切な質と量で連絡をとることが重要である。この適切さの加減については、子どもと直接話し合えないならば、親や専門家から子どもの意向をきくのがよいだろう。

　心理的援助においては、個人を大切にし、変化が生じるまで根気よく待つ。一方、教師は生徒を集団で扱うため、一人でも集団からはずれた行動をする生徒がいると、つい「こら！」と叱りつけて強制的に行動を直させようとすると言われたことが印象的であった。

また、多忙であるため、なかなか一人一人にまで手が回らないのが実状のようである。
　教師に対しては、子どもにどのような働きかけをするのが望ましいか、そのつど子どもの状態像の変化とともに伝えていく。しかし、子どもが守秘義務に守られたなかで表現した内面世界については、親にも教師にも無断で伝えることはできない。教師と連絡をとるときには、伝える内容について、必ず子ども（発達年齢によって判断する）と親の了承を得ることが重要である。実際には、信頼関係ができている場合、「先生にお任せします」と言われることが多かった。また教師との連絡内容について、子どもは気にしていることが多いので、後にある程度の内容を伝える。教師から聞いた内容について、何を秘密にし、何を伝えるかについては、非常に微妙な判断を要することが多く、子どもを傷つけ不信を招くことがあるので注意を要する。
　教師の対応として、とにかく学校に来るようにだけ働きかける場合がある。子どもの状態を理解しようとする配慮こそが重要で、学校に来さえすればいいという発想は問題である。
　どう接していいかわからないからと完全に放置すること、善意からではあるが、まだ子どもがそれを受け入れるだけの回復をとげていないのに、クラスの子どもからの登校や行事に誘う言葉を不用意に伝えること、無理やり家まで迎えに行き学校に連れて行くこと、予定を知らされない突然の家庭訪問など、子どもの傷つきやすい状態を考えると、不適切な対応であると感じることも少なからずあった。
　さらに、教師は性急に二者択一的な結論を出そうとすることがある。たとえば、不登校が始まって間がないのに、担任がすぐに適応指導教室をすすめたり、別室登校をしている子どもを一気に全面的に教室に行かせようとして叱りつけるようなことがある。その一方で、教室のその子どもの机は物置のように乱雑なまま放っておかれたりする。高校の場合、義務教育でないこともあって、不登校ならば学校をやめたほうがいいと、すぐに担任に言われることもある。
　教師の対応が子どもに与える影響の大きさを考えると、教師が不

登校について正しく理解して細やかな対応をすることが望まれる。回復するにも、悩んで結論を出すにも、時間が必要であり、子ども一人ひとりによって、必要な時間の長さは異なる。

　心理的援助においては、**一歩進めてみて、慎重に様子を見て、次の一歩を考える**のが常である。前の段階に戻ったほうがいい場合や、しばらくは現状維持が望ましい場合もある。時間をかけること、段階的に進めること、変化を待つこと、曖昧な状況に長く耐えることは、心理的援助の基本である。

　援助者としては、親、教師、他の諸機関との仲介役として、円滑にコミュニケーションをはかることを心がける。また、子どもが徐々に回復し、外界へと出て行こうとするとき、友だちの存在は大きな意味をもつ。学校に行けない状態であっても、放課後や休日に友だちと遊ぶようになると、その友だちがいることで学校にも復帰しやすくなる。時に、学校を休んでいるのに友だちと遊ばせるわけにいかないと考えて、交友を控えさせている親もいるが、子どもの成長を考えるとき、友だちと遊ぶ経験は貴重である。学校に行けなくても、一定の回復が得られた後には、子どもが友だちと遊ぶ時間をもつことをすすめたい。

不登校の予後

　調査機関による偏りはあるが、ほとんどの子どもは何年か後には社会参加している。斎藤〔1999〕によれば、さまざまな予後調査から、その後の社会適応が良好であると判断された者は56～88%であり、過半数が社会適応している。

　門〔1995〕は「第一段階を通り越してからでは、休みさえすればすぐに元気になるというわけにはいかないが、九年以上経った頃には、ほとんどの子どもが社会参加できている。もちろんもっと早く社会参加する子どももいるが、長い期間じっくり腰をすえてつきあう覚悟がいる。こじらせてしまわなければ、すなわち周囲の者が子どもを不安に突き落としてしまわなければ、あるいは本当の病気に

してしまわなければ、長期的には良くなるという希望をもつべきである。何よりも第一段階のうちに前述の対応をすれば、もっと早く解決するはずである」と述べている。

　まわりの人の対応が、不登校の予後を決めるといえるだろう。いつも身近にいる親の適切な対応、教師のきめ細かな時宜にかなったサポート、援助者の一貫した関わり、友だちからの働きかけなどがあれば、たいていの子どもは回復していく。回復が難しいのは、これらが得られない場合である。とくに、親の不適切な養育態度が子どもの幼少期から続いており、子どもの人格発達に重大な影響を及ぼしているような場合には、援助過程も困難をきわめる。これは、不登校の問題というより、人格発達上の問題や精神症状が併存していることによる。

　不登校児への援助を振り返ってみると、順調に回復した後、立ち直るきっかけとして進学があった。高校進学を考えて中学三年から学校に行くようになるとか、中学校では不登校であったが、希望の高校に進学した後、毎日学校に行けるようになるということがあった。それまでに確実に回復の段階を経ていれば、子どもは現実の進路の選択に直面し、意を決して動き出すことが多い。そのとき援助者は、外的な変化に目を奪われて喜びすぎることなく、日々の子どもの大変さを思い、さりげなくサポートしつづけることが大切である。いったん登校するようになっても、もともと無理をしやすいところがあるため、子どもの状態を慎重に見守っていくことが望ましい。

おわりに

　相談室を訪れる不登校児は、学校に行かなければならないという思いが強いのに、学校に行けないことに苦しんでいる。自分を壊してまで子どもが学校に行く必要はないと思うが、親は、子どもが泣き叫んだり、ひきこもったり、症状が悪化しても、子どもの苦しみを見ないふりをして、学校に行かせようとすることがある。学校に

行くために子どもがいるのではなく、子どもの人生にとって有益だから学校に行くのに、親も教師も子どもの状態よりも学校を優先しているように見えることがある。学校に魅力があり、楽しくて得られるものが多いなら、だれもが行きたいと思うだろう。現実の学校が、得るものよりも苦しみのほうが多く感じられたとき、学校を居心地の良い場所にする工夫は必要であるが、子どもがその学校以外の場所で生活していくという選択肢も考えられる。

　学校に行くことを絶対的で義務的なことと感じて縛られるのではなく、子どもが学校を有益と感じ、自分で行くことを選んでいるというような能動性・主体性の回復が必要ではないだろうか。また、学校以外の場所だと生き生きと過ごせる子どももいて、その子どもの社会性の発達を考えるならば、学校にこだわるよりも、子どもにとって生きやすい場で過ごす経験を積み重ねたほうがいいと思われる。親が学校にのみこだわり、無理にでも学校に行かせようと圧力を加えると、子どもは一歩も外に出られなくなり、かえって社会的経験の機会を失ってしまうことがある。

　不登校児とその親が感じている不安は、大多数の者が学校に行き、学歴社会である以上、そこから脱落すると将来どうなるのかという不安である。最近では「格差社会」「負け組み」「ワーキングプア」「ニート」「ひきこもり」などの言葉の氾濫が、親をいっそう不安にさせている。学校以外にも、さまざまな進路、さまざまな職業があること、それらを尊重するような大人のゆとりのある考えかた、価値観の変換が求められるのではないだろうか。

文　献

伊藤美奈子〔2003〕「不登校児童生徒の保護者に対する調査報告書」文部科学省委託調査報告書。
伊藤美奈子〔2004〕「不登校再考」『書斎の窓』537、48-51。
門真一郎〔1995〕「不登校の精神生理学」『こころの科学』62、98-102。
小泉英二〔1973〕『登校拒否』学事出版。

小泉英二〔1980〕『続登校拒否』学事出版。
文部科学省〔2009〕学校基本調査。
鍋田恭孝〔1999〕「学校不適応とひきこもり」『こころの科学』87、20-26。
斎藤万比古〔1999〕「不登校だった子どもたちのその後」『こころの科学』87、81-87。
滝川一廣〔2004〕『「こころ」の本質とは何か』ちくま新書。
田嶌誠一〔1995〕「密室カウンセリングよどこへゆく」『教育と医学』43(5)、26-33。
田嶌誠一〔2005〕「不登校の心理臨床の基本的視点」『臨床心理学』5(1)、3-14。
山中康裕〔2000〕『こころに添う』金剛出版。

Chapter 8

不登校の長期化を防ぐために
―― 社会性の発達という観点から ――

はじめに

　前章でもふれたように、不登校にはさまざまなタイプがあり、心理的援助のありかたは、これらのタイプと個々人の回復過程に応じて変えていかねばならない。

　不安を中心とした情緒的混乱による不登校に対しては、登校刺激を与えずに充分な休養を保証し、心のエネルギーが自然に回復するのを待つのは、治療的対応として重要なことである。このような不登校を山中〔1978〕は「内閉神経症」としてとらえ、内閉は「外的には社会的自我の未成熟とされる消極面を持ちつつも、内的には〈退行〉、しかもそれは次なる〈新生〉をもたらすための〈蛹の時期〉とでもいうべき積極面を併せ持っている」という。したがって治療においては登校を強制せず、内閉をできる限り保証することが第一歩であり、「彼らの話に〈耳を傾け〉、しっかりと患者の〈内的な旅〉の同行者として付き合い、ひたすら彼らの〈内的成熟〉を待つ」「そうした形で彼らの〈内閉〉を保護し支えていくうちに、何らかの外的な事件が、自我の成長と共時的に起こってき、それに対して患者が適切に関わることが可能となると、それまでの内閉の状態を蝉脱して、新しい状況へと巣立ち変容していく」としている。

　心理的に傷つき疲弊して不登校に至った子どもに、休養を保証し心のエネルギーの回復を待つと、多くの場合は回復し社会に巣立っていく。しかし、すべての子どもが順調に回復に向かうわけではなく、不登校の一部は遷延して社会的ひきこもりに至っていることから、心理的援助においても長期化とひきこもりの予防という観点からの働きかけが必要になる。

　不登校児のなかには、親子関係における愛着のつまずきにより幼少期から対人関係がうまく築けず、社会性の発達に遅れが見られる子どもが少なくない。これらのケースでは、愛着の世代間伝達があり、母親が不適切な養育をしていることにまったく無自覚であるために、子どもの情緒的発達に長期にわたる影響を及ぼすことにな

る。このような子どもは、人との関係のなかで、生きづらさをかかえ続けることが多い。

不登校体験者への調査結果によると、不登校のきっかけとして「学校の友人関係」をあげたものが最も多く、次いで「教師との関係」「学業不振」の順になっている〔現代教育委員会,2001〕。学校ストレッサーの研究においても、対人関係、学業、教師との関係が主たるものとしてあげられている〔岡安・嶋田・丹羽・森・矢冨,1992〕。もともと対人関係をもちにくい子どもは、学校での対人関係につまずきやすいだろう。そのため学校でのストレスが高くなるが、対人関係のストレスを友人や親との関係のなかで解消することができないため、精神的疲労が蓄積して不登校になりやすいと考えられる。

このような場合、不登校になることによって、いっそう社会性の発達が妨げられるという悪循環に陥ってしまう。滝川〔2004〕によれば、現代社会では子どもの社会的な共同体験は学校生活にほとんどゆだねられており、「このような状況下では長期の不登校は、社会的な共同体験とそれによって育まれる社会的な共同世界をともにするこころのはたらきの習得とを遅らせる」ことになる。「『関係の発達』を連続的な相対差とみれば、その足どりがいくらか遅い子、対人関係を不得手とする子は必ずいて、それが負荷要因となって不登校になる子も少なくない」が、不登校となると「苦手な部分がますます遅れ」、「社会的な関係において大きな力不足や自信欠如を残す結果となる」。

不登校体験者への調査結果〔小林,2003〕から、不登校が生み出す不利益として「生活リズムの乱れ」「学力・知識不足」「現在他人との関わりに不安を感じる」が多く見られた。このことから、もともと対人関係をもちにくい子どもは、不登校になることでいっそう対人関係の不安が高くなることが推測される。

このような子どもは、不登校になりやすいだけでなく、長期化もしやすいと思われる。なぜなら、一般の不登校児の回復過程に見られる外界へと歩み出ることへの志向性が、心理的に回復してからも、自発的には生じてこないことが多いからである。対人関係で、快適な体験よりも不安・恐怖や緊張などの不快体験を重ねてきた子

どもが、もう一度対人関係の場に戻りたいと思うのは至難である。そのことが長期化をもたらし、結果的にその後の社会適応へのハードルを高くし、ひきこもりへと至る可能性を高くすると考えられる。

また、思春期以降の不登校児では、アルバイトを社会への第一歩として選ぶことが少なくないが、いったん社会に出ても、社会性を必要とされる場で失敗体験を重ねてしまい、再びひきこもってしまうことがある。

不登校の長期化により本人にもたらされる心理的・社会的不利益は決して少なくない。不登校の長期化が社会適応を困難にし、その困難がひきこもりをもたらすという悪循環が見られる。このことから、不登校の長期化を防ぐような関わりが必要といえる。

不登校の発現と長期化における社会的要因

滝川〔2004〕によれば、第一次産業（農林水産）や第二次産業（製造）が社会の基幹であった時代には、対人能力を要求されずに労働や生活ができる場がたくさんあり、たとえば職人や学者は社会性に欠けていたとしても社会で承認されていた。しかし、現代では第三次産業（消費サービス）が社会の基幹となったため、社会性、対人配慮がさまざまな場面で求められるようになり、わずかな関係の遅れも失調や問題性として炙り出されるため、アスペルガー障害の社会的増加を生み出しているのではないかと述べている。

このように現代社会は人々に高い社会性を要求するのに、一方で、子どもの社会性はますます低下しているという矛盾をかかえている。

小林〔2003〕は、中学校の不登校がふえた理由として、全般的な子どもの社会性の低下をあげている。小林によれば、児童期の中期から後期にかけての異年齢集団による集団遊びは社会性の発達にとって重要な体験であったが、1970年代のおわりに異年齢集団遊びが消失した。その要因として、地域社会の人口の流動化と地域共同体

の崩壊、少子化傾向、空き地の消失に加えて、子ども向け玩具の増加をあげている。子どもが消費者として産業界に認知され、子ども向け玩具が大量に販売されるようになったために、一つの遊びを共有する子どもの人数が減少したという。

　子どもたちは、このような大人社会の商業主義の影響をもろに受けているといえる。また近年では、犯罪にあう危険があるため、子どもの外での集団遊びが減り、家で遊ぶことがふえた。ゲームでの一人遊びがふえ、何人かが集まって遊ぶ場合でも、一人一人がそれぞれにゲームに興じている光景が見られる。

　不登校児も、家でゲームやインターネットをして過ごすことが多くなった。ゲーム依存、インターネット依存、またはインターネットによる買い物依存に陥っている子どもも少なくない。ゲームにより長時間、悪性の刺激にさらされ続けることは、より強い刺激を求める嗜癖性や攻撃性を助長するだけでなく、受け身性を強化して能動性・主体性を奪うことになる。買い物についても、インターネットで欲しければすぐに注文でき配送されることは、自分で体を動かして探す体験や、熟慮し待つ体験を奪い、衝動をコントロールする力を低下させる。それに加えて、長期間ひきこもることによる退行が見られ、自己中心性や幼児的万能感が強化される。これらのことは、その後の対人関係を難しくすると思われる。

　不登校児は、主体性が育っていないことが多いが、目標のない生活のなかで、このような遊びに引き寄せられやすく、それで時間をつぶして安易に自足してしまう。また、刹那的な楽しみを追求することで、時間感覚も断片化し、長期的な展望をもって計画し実行する力が低下する。ここには、内閉による成熟に必要な主体性と想像性が欠けている。以前は長時間ひまをつぶせるものがなかったので、退屈でたまらなくなり、おのずと他人との関係や社会的な場に出て行くことを望むようになったが、今では他人との親密な関係もメールで擬似的にもてるため、社会的な場に出て行こうとする欲求じたいが生じにくくなっていると思われる。そこには、現実の生活場面での他者との関係を必要としない自己完結性が見られる。

不登校の発現と長期化における子どもと家庭の要因

　斎藤〔1999〕は、遷延するひきこもりの背景には精神疾患が関与している場合が少なくないと述べている。斎藤が病院内学級中学校卒業後十年間の経過調査をくり返し行った結果、十年後の社会不適応群の70%以上は中学卒業後の十年間に精神障害の診断を新たに受けていた。そのうち最も多いのは不安障害と人格障害であった。人格障害と診断された青年は「生まれつきもっている性格傾向に加えて、不登校を通じた挫折感や劣等感あるいは孤立感による社会的活動を回避する心性の出現と、幼児返りの遷延によって高まった未熟な自己中心性などの影響を受けて、不安を避け自己愛的・万能的な自己像を保持しつづけることができるひきこもり状況に固執する」ようになるという。

　このことから、精神疾患が遷延化の要因として考えられる。

　対人関係がうまくもてない要因としては、虐待など家庭における幼少期からの保護者の不適切な養育や、発達障害が考えられる。両者は、反応性愛着障害と高機能広汎性発達障害との鑑別診断が困難なこと〔杉山, 2004〕からもわかるように、鑑別が難しい。

　発達障害児が不登校になった場合、精神症状が併存していればその治療が優先されるが、長期にわたって家に閉じこもることは、その後の社会性の発達に深刻な影響を及ぼす。杉山〔2005〕も、社会性に障害をもつ高機能広汎性発達障害の不登校児には、通常学級にこだわらず、積極的な登校への働きかけが重要であると述べている。この場合、不登校とひきこもりの長期化を防ぐために、早い時期に社会的な居場所を提供する配慮が必要になる。

　小林〔2003〕は小学生の不登校が増加した理由として、情緒的に不安定な子どもがふえたことをあげている。その要因として、自分の都合で子どもにかかわる自己中心的な保護者がふえたため、安定した親子関係をもちにくく、子どもはわがままだが対人的な不安も強

くなり、他人との安定した関係をもちにくくなることをあげている。そのような子どもが集団の中で安定していることは難しく、結果的に学校不適応になってしまうという。

小学生の不登校において、「子ども優先の生活ではなく、自分自身の人生を楽しむ」という母親の主義により、子どもは放ったらかしにされていることがある。自己愛的対象として自分の要求を満たす限り子どもをかわいがるが、そうでない場合には不機嫌あるいは無関心となり、子どもを情緒的に見捨てるような親もふえていると思われる。

鍋田〔1999〕はいまの子どもたちの悲劇は、一つは「『お前のためよ』という親からの過剰なかかわり（愛情・関心・先取り的心配）のために、自分の内発的な欲求を感じられない悲劇であり、自分の内発的な欲求に沿って生きることを身につけられない悲劇」である。もう一つは「対人関係において多様性が低下したことである。少子化と核家族化と村社会の崩壊がこの現象を引き起こしている」。「このような状況下では、親と密着状態になるか、その親とも充分な関係が形成しえなかった場合、それを補う人はなく、誰とも関係がもてないまま子どもは立ち尽くすことになる。しかも、多少とも母親に歪んだ面があったり、子どもとのコミュニケーション能力や感情を感じとる力に弱い面があると、それを補う者は存在せず、直接、子どもに伝達されたり、影響を及ぼすこととなる」という。

そもそも社会性は、養育者への愛着を基盤として、充分に社会性を身につけた養育者の行動を取り入れたり、しつけを受け入れることによって育っていく。他者配慮も自分の感情の調節も、まずは養育者から感情を適切に受けとめられ共感される体験によって可能になる。したがって、養育者自身に人格的な偏りがあり、たとえば自己中心的で共感性や社会性に欠けている場合、あるいは虐待に代表される不適切な養育や、放任的過保護と言われるようにモノをすぐに買い与えるがしつけはしない場合には、子どもの社会性の発達が阻害されると思われる。

核家族の場合、養育者に人格的な偏りがあってもそれを補う人がいないため、子どもは必要な保護と情緒的応答を得られず、子ど

にも認知的な偏りや共感性・社会性の障害が見られることが多い。子どもに精神症状が発現することも少なくない。この場合は、心理的虐待と呼べると思われるが、心理的虐待の明確な基準はないため、目につきにくく通告されることもない。子どもはその環境のなかで生きていくしかないが、他者との関係形成の基礎となる基本的信頼が育っていないため、集団のなかに入ると、遅かれ早かれ対人関係で挫折してしまう。あるいは親の顔色を見て要求に合わせて行動する「偽りの自己」による適応をはかり、優等生やおとなしいよい子として評価されるが、「本当の自己」が育っていないため、思春期になって適応がうまくいかず、不登校になることもある。

福田[1999]は、学校不適応の子どもに共通の特徴は「傷つきやすさ」と「人付き合いへのおそれ」であると述べている。養育者から保護され肯定される体験を充分に得られていないと、ささいなことでも被害的に受けとめ、傷つきやすくなる。基本的信頼が脆弱なので、他者への信頼感をもちにくいため、人と関わることを恐れるようになる。このような子どもが学校でいじめの被害にあうことも少なくない。いじめられる経験は、心的外傷体験となり、さらに外界への恐怖によりひきこもりへと向かわせる要因となる。

不登校の長期化を防ぐために

小林[2003]は不登校児にとって、「家族以外の人間関係が遮断されるのは、とくに児童期の子どもでは避けたい。児童期、とくに小学校高学年になるまでは、子どもの社会性（ソーシャル・スキル）が仲間関係の中で急速に発達していく時期に当たる。この期間に仲間と広くつきあう体験をもたない場合、社会性の発達上、相当の不利益を被ることになりかねない」と述べている。思春期以降でも、家族以外の人間関係が完全に遮断されることは好ましくなく、「児童期のように大勢で遊ぶ必要はないが、一人でもいいから親身に関わってくれる存在が必要な発達段階にいる」という。思春期以降は自分自身を見つめる作業をするようになるが、一人で考えるのでは

なく、密接に関わる人がいた方がいいという。

　したがって、学校にこだわることなく、児童期の子どもには複数の子どもたちと関われる場が、思春期以降の子どもには、一対一であっても親密に関われる人が必要といえる。しかし、児童期の子どもであっても、前述したような愛着のつまずきがある子どもの場合には、二者関係から三者関係へと移行することが非常に困難な場合が多い。このような場合には、二者関係の基盤を充実させていくことのほうが実り多いと思われる。社会性の発達を、まずは一対一の関係から促進していくのがいいだろう。子どもにとって、他者といることが心地よいという体験が重要である。

　小林〔2003〕は、不登校の結果生じる不利益を考え、不登校の最中に、ソーシャル・スキルとセルフ・コントロールを育てていく必要があるという。ソーシャル・スキルを向上させることで、対人関係で快適な経験をもちやすくなり、対人不安が軽減していく。また、セルフ・コントロールとは、先々の目標を考えたうえで「したくないことを、あえて行う」「したいことを、あえて行わないでおく」ことであり、目標を定め課題を達成するために、また社会生活を営むうえでも必要な力であるという。

　このように近年では、ただ本人の自発性を待っているだけでは、長期化を防げないような不登校児がふえていると思われる。援助者は、子どもの心が充分に回復した後、**社会性の発達を促進するような働きかけをする必要がある**。そのさい、訓練的にならずに、また子どもの自尊心を傷つけないように、**会話のなかでさりげなく教えるような態度**が大切であろう。

　大人のひきこもりの場合も、社会性の低さから職場で叱責されるというような失敗体験を重ねていることが多いため、援助者と信頼関係を築いた後では、社会的ふるまいについて具体的に教えるといったサポートが有効である。そのさいも、本人にできていることを肯定的に評価しながら、思いやりをもって助言することが大切である。

予防的観点から

　幼少期から対人関係をもちにくく社会性の発達が遅れている子どもは、幼稚園や学校などの集団場面に溶けこめず不適応を示すことが多いが、不登校などによって問題が顕在化しないかぎり、そのまま放っておかれることが多い。しかし、いままで述べてきたように、不登校とその後の長期にわたるひきこもりを防ぐためには、より早期の段階で対人関係の快適な体験を積み重ねることで、社会性の発達を促進するような援助が必要と思われる。

　このような子どもへの心理的援助と同時に、母親への子育て支援も早期にしていくことが望まれる。子育てを核家族のなかで母親に全面的に委ねることが、母親の子どもへの影響を多大なものにしている現状をふまえると、「子育ては社会でおこなう」というように発想を転換することが求められる。他方、社会の側には、どんな特性にも個人差があるのだから、社会性の低い人が生きやすいような寛容な雰囲気と、多様な居場所が必要ではないだろうか。

文　献

福田憲明〔1999〕「学校不適応を理解する」『こころの科学』87、32-36。
現代教育委員会（代表：森田洋司）〔2001〕「不登校に関する実態調査——平成5年度不登校生徒追跡調査報告書」文部科学省。
小林正幸〔2003〕『不登校児の理解と援助』金剛出版。
鍋田恭孝〔1999〕「学校不適応とひきこもり」『こころの科学』87、20-26。
岡安孝弘・嶋田洋徳・丹羽洋子・森俊夫・矢冨直美〔1992〕「中学生の学校ストレッサーの評価とストレス反応との関係」『心理学研究』63、310-318。
斎藤万比古〔1999〕「不登校だった子どもたちのその後」『こころの科学』87、81-87。
杉山登志郎〔2004〕「子ども虐待は、いま」『そだちの科学』2、2-9。
杉山登志郎〔2005〕「ひきこもりと高機能広汎性発達障害」『こころの科学』123、36-43。
滝川一廣〔2004〕『「こころ」の本質とは何か』ちくま新書。

山中康裕〔1978〕「思春期内閉 Juvenile Seclusion——治療実践よりみた内閉神経症(いわゆる学校恐怖症)の精神病理」中井久夫・山中康裕編『思春期の精神病理と治療』岩崎学術出版社、17-62。

Chapter 9

事例研究の再検討
—— 心理的援助を支える「知」のありかた ——

はじめに

　事例とは何か。小此木〔1986〕は、「必ずしもクライエント個人についてではなく、治療者とクライエントの相互関係、あるいは二人でつくり出すような、ある事態を事例と言っているのではないか」と述べている。

　臨床心理学の研究における事例研究の意義は、河合隼雄が一貫して主張してきたことであり、心理臨床学会においても事例研究を中心として発表が行われてきた。このことが心理臨床家の訓練に役立ったことはだれもが認めるところであろうが、いくつかの問題点も感じられる。

　第一に、「事例研究」という言葉が、事例報告や事例検討と混同して用いられているために、何をもって研究と呼ぶかの基準があいまいになっていることである。そのため、事例を報告さえすれば研究しているのだという誤解が生じていると思われる。

　第二に、事例研究の意義を主張する根拠として、中村雄二郎〔1992〕の提唱した「臨床の知」がとりあげられ、無批判に受け入れられているが、その考え方が妥当なのかということである。

　第三に、事例研究を発表する際に、守秘義務の問題や、「研究者としての役割」と「援助者としての役割」の間で葛藤が生じるが、この問題をどのように解決していけばいいのか、ということである。

　本章では、これら三つの問題について検討したうえで、今後の事例研究のありかたについて考察したい。

事例研究と
事例報告・事例検討の区別

　事例研究における「研究」という言葉は、検討・探究という広く一般的な意味で用いられていたり、学問的研究という意味で用いら

れていたりする。そのため、同じ事例研究という言葉を用いて事例研究について論じられていても、まったく別のことが意味されていることがある。まず、事例研究の定義を厳密にしないと、議論の進展は望めないだろう。

　河合〔2001〕は、"事例そのものの検討"という意味で「事例研究」という言葉を用いており、主として心理療法の実践におけるその意義を述べている。
　山中〔2001〕は、事例検討と事例研究を区別している。事例検討は、「その事例にそった形で、あくまで、その事例のもつ問題点の指摘や、事例の展開過程におけるもろもろの指摘をしたり受けたりすることが目的となり、あくまで、その事例自身に還元されることが究極目標である」。一方、事例研究は、個々の事例を比較検討して、より「普遍的」なものを追求するのが一つの典型であり、また、たった一つのケースであっても、そこでの「言葉」の使われ方やセラピストとクライエントの「関係性」に焦点をあてた研究がありうるという。つまり、一例の事例検討から、「普遍的に言い得る事実を探り出す」事例研究が成り立つと述べている。
　このように、一つの事例の検討が、そのまま事例研究になるわけではなく、事例研究と呼びうるためには、「普遍性」が必要であると考えられる。下山〔2000〕が指摘しているように、事例研究には「一般性」や「普遍性」が条件となる。これは、事例研究によらず、およそ研究と呼ばれるものには不可欠であろう。
　事例の検討は心理臨床家として欠かせないものである。クライエントへの見立て、援助過程、援助者としての対応のありかたなどについて常に検討し吟味して、援助者として改めるべきところは改めていくことが、援助者としての基本的な責務であろう。一回一回のセッションについて検討し、クライエントへの理解が不十分であるために不適切な対応をしたと気づいたならば、それについて反省し、次の回では修正する。そういった地道な努力の積み重ねが心理的援助を成立させる基盤であることに、異議をとなえる人はいないだろう。また、援助者のみの判断では、主観的になり思わぬ誤りを

しているかもしれず、もしそうであれば早く気づけるように、事例を詳細に記録して、スーパーヴィジョンを受けたり、事例検討会で発表することは、援助過程に益するところが多い。

　事例検討会においては事例報告がなされる。鑪・名島〔1991〕は事例報告を事例研究と区別し、「事例研究が事例報告と違うところは、単にまとまった事例の時間経過的な報告ではなく、事例報告を通して何かの新しい発見、新しい発見の確認、理論の展開といったことを内包しているかどうかである。したがって、『こんな事例に、このようにかかわり、このように変化しました』といった報告とは本質的に違ったものである」と述べている。つまり、事例研究には「新しい発見」が必要である。

　以上のことから、事例研究と事例検討・事例報告を区別して用いたほうが、議論を厳密に展開しやすいと思われる。"心理臨床家としての訓練には事例研究が不可欠だ"といわれるとき、この「研究」は「検討」や「報告」の意味で用いられていることがある。実際に、事例を検討し、ある観点にそってまとめて報告することは、臨床家としての訓練には欠かせない。日々の断片的な実践を大きな流れのなかでとらえて変化を見ることは、事例を理解するうえで必要である。

　また、事例報告の意義として、"聞いている人の臨床実践に役立つ"ということがいわれている。確かに、さまざまな事例報告を聞くことによって、事例についての知識がふえ、援助過程の流れを読む力が養われるだろう。しかし、すべての事例報告が、聞く人の臨床実践に有益ということではない。すぐれた臨床家の事例報告からは、一つ一つの言葉からも事例への的確な理解がうかがわれて、新しい発見や洞察が得られることが多いが、一定の基準に達していない臨床家の事例報告から学ぶものは少ない。

　ここで、実験研究でも調査研究でも質的に低いものはあるという反論がなされるかもしれない。しかし、実験研究や調査研究では、あらかじめ実験計画法や統計処理法などの基礎的知識が必要であり、結果と考察についても統計的に有意であると証明されたものし

か述べられないというように、一定の基準が定まっている。その基準を満たしたうえでの質の比較なのである。一方、事例報告の場合は、どんな臨床家であっても事例さえあれば書けるのであり、評価の基準も定まっていない。したがって、事例報告をそのまま事例研究と呼べば、研究の質が低くなることは避けられないだろう。

　たとえば、援助経過を理解できないために、冗長な事実の記述に終始しているものや、つぎはぎ的な記載、あるいは先に理論ありきで事実をなおざりにした強引な考察が展開されている報告がある。事例の報告においては、まず事実に基づいて治療的変化を読み取り、そのストーリーにそって事実を取捨選択して記述することが重要である。初回面接の報告においても、こまごまとした情報を収集し羅列してはいるが、全体像をつかみにくいものがある。報告においては、クライエントへの見立てに基づいて、それを裏づける情報を提示するのであって、個々の情報をすべて提示することが目的ではない。

　そのような視点をもって文章をまとめるためには、相当な臨床経験と、客観性のある専門的知識が必要である。このような客観性をもっていることを、事例研究の基準とすべきであると考える。臨床家の対応が援助過程にどのような効果をもたらしたかを、実証的に検討する姿勢は不可欠である。

　事例研究はすばらしいと主張しても、それが心理臨床領域の人々のなかでしか通用しない言説であり、他の学問領域の研究者から必ずしも高く評価されていない現実があるのならば、それを謙虚に受けとめる必要があるだろう。事例研究は単なる業務報告であって研究ではない、あまりに情緒的・主観的すぎる、仮説検証的な姿勢がなく恣意的な考察が多い、などの他領域からの批判に耳を傾け、研究の質的向上を心がけるべきである。そういうことをせずに、事例研究は新しい科学であるとして正当性だけを主張するならば、いたずらに臨床家の自我肥大をまねき、他の学問領域から孤立するだけではないだろうか。

科学の知と臨床の知

　中村〔1992〕は、科学の知の構成原理が「普遍性」「論理性」「客観性」であるのに対して、これらが排除してきた知のありかたとして「コスモロジー」「シンボリズム」「パフォーマンス」をあげた。この三つが臨床の知の構成原理であり、それぞれ「固有世界」「事物の多義性」「身体性をそなえた行為」と言い換えられる。近代科学は「関係の相互性」を無視してきたが、臨床の知は「個々の場合や場所を重視して深層の現実にかかわり、世界や他者がわれわれに示す隠された意味を相互行為のうちに読み取り、捉える働きをする」という。河合〔2001〕はこの考えを根拠として「臨床心理学」における「事例研究」の意義を論じているが、実例としてあげているのは心理療法を行う「臨床家」にとっての「事例検討」の意義である。

　ここで、「臨床家としてのありかた」と「研究者してのありかた」を区別して論じることが必要と思われる。臨床心理学における研究には、実験や調査に基づく基礎研究や、文献に基づく理論研究も含まれており、事例研究がすべてではない。研究者としての訓練には、これらの基礎訓練は不可欠である。しかし臨床家として、これらがどうしても必要な訓練であるかと問われると、必ずしもそうではないだろう。臨床家であることと研究者であることは同一の資質を要請されるものではなく、研究論文は書かなくてもすぐれた臨床家はいるし、その逆もよく言われるところである。実践即研究、研究即実践というのが理想ではあるが、現実にはこの両者に大きなギャップがある。

　確かに「臨床の知」は、臨床家としてクライエントに関わるときに必要となるであろう。「関係の相互性」も、心理療法過程を理解するためには必要な視点である。しかし、前述したような「事例研究」の論文を書くときに、「普遍性」「論理性」「客観性」ではなく、「コスモロジー」「シンボリズム」「パフォーマンス」が必要だろうか。

　臨床実践において、ほとんど主客の区別のないような融合的関係

をもつことはありえても、その過程を研究として示すときには、できるだけ主観的な記述にとどまらないように対象化して書くことが必要である。主観的思いこみの強い事例報告は、研究として評価されないだけでなく、読む者の実践に益するところも少ない。中村〔1992〕が「科学の知」の構成原理としてあげた「普遍性」「論理性」「客観性」が必要なのは、科学に限ったことではない。文章によって同一の事柄を多くの人に的確に説得力をもって伝えるために、この三つは欠かせないのではないだろうか。

　また、臨床家としても、客観性と普遍的知識は必要と思われる。たとえ心理療法過程に主観的に関与したとしても、セッションとセッションのあいだに、そこで生じていることについてできるだけ客観的に吟味することなくして、心理療法が進展するとは思えない。また、一瞬一瞬の判断が求められる臨床場面において適切な対応をしていくためには、それまで重ねられてきた臨床経験についての客観的な知識をもっていることが必要である。河合〔2001〕は「固有世界」の説明として、「個々のクライエントが『新しい』のであり『ひとつの世界』なのである」と述べている。しかし、心理臨床において一人一人のクライエントを尊重することは、そのまま個々の事例研究を成り立たせるものではなく、普遍的知識の必要性を否定することにもならないであろう。

　あることについて真に理解するには、それだけを見ていてはいけないのであり、クライエントの「固有世界」を理解するには、その世界のなかだけを見ていては、かえって見失うものがある。事例を見る際にも、全体的文脈のなかでの位置づけが必要である。それは、ある人の現在を理解するために、「今、ここ」だけを見ていてはいけないのと同様である。臨床においても、「関与しながらの観察」（サリヴァン）と呼ばれるような客観的視点が必要である。客観的な座標軸をもたずに、固有世界を理解することはできない。

　さらに、研究であるためには、先行研究の吟味と、そのなかでの自己の主張の位置づけという、いっそうの相対化の作業が必要であり、これは、臨床における融合的コミットメントとはまったく別のものである。臨床家であるときと研究者であるときとでは、目的が

異なるのであるから、おのずと心的構えも異なるだろう。

　結論をいえば、心理臨床家としてクライエントに関わるときにも、「臨床の知」だけでは不十分であり、中村が「科学の知」として述べた知識も必要である。さらに「事例研究」をするためには、基礎として「科学の知」が不可欠である。

援助者であることと研究者であることの葛藤

　心理臨床家には守秘義務があり、クライエントのプライバシーを保護せねばならない。したがって、事例を学会や書物などで公表する際には、クライエントの同意を得ることが必要である。

　鑪〔2001〕は「事例の一定量以上の提示にはクライエントの許可を必要とする。ことに面接過程を含めて事例が長く提示され、面接の時間的経過によって細かく検討されるような場合には許可なしに掲載することはできない」と述べている。このように、報告される事例の詳細さが問題になる。

　近年では倫理規定にのっとって、事例の発表に際してクライエントの許可を得ることが、形式的におこなわれている風潮がある。その際、事例発表の許可を得るという行為が、クライエントに与える影響についての配慮が欠けているように感じられることがある。事例の発表とその許可を得ることには、本来は援助過程に無関係な要素が入り込むことであり、援助者であることと研究者であることの葛藤が生じると思われる。

　まず、この事例を発表しようと考えた時点で、援助過程に歪みが生じる可能性が高い。中井〔2000〕は、「パトナムが『多重人格性障害』の中で指摘しているように、症例報告を書くこと自体が歪んだ逆転移である。患者に症例報告をすることを告げても、あるいはそれを読んでもらって承認を得ても、医師のおのれを正しいとする感覚は増大しても、歪んだ逆転移、それの反作用としての患者の転移の歪みは少なくなるどころか、おそらく増幅されるだろう」と述べてい

る。また中井〔2005〕は、治療者の理論化に貢献した事例、実際には治療者が理論化のために用いた事例は、予後が悪いことを指摘している。

事例報告に際して許可を得ることがクライエントに与える影響については、『精神療法』誌に掲載された匿名氏（巳）〔2000〕の以下のような見解がある。

> 治療者と患者の立場は対等ではない。対等であろうとする治療者の心構えは必要だが、対等では決してあり得ない。治療者は畢竟するに、患者にとっては権力者である。治療者が発表の「許可」を請うた時、患者は断れる立場にはない。内心では不快を感じてもいなむことはまずできないだろう。したがって実態は、患者に同意を押しつけているのであって、心からの同意が得られるわけではない。……治療者は、発表の許可を患者に求める瞬間は、治療者ではなくなっている。だからこのような行為に対する患者の心のさまざまな動揺を把握することもできないし、その後の起こり得べき状態の悪化──それは軽微ではあってもしばしば起こることであろう──の予想もしないわけである。以上のようなことに思いが至る治療者ならば、患者の許可を得るなどという仕打ちができるはずもない。

発表の同意を求めるとき、その人は研究者であって、援助者としてクライエントに対峙しているのではない。同意を求めることは、援助過程に本来は無関係な因子が入り込むことであり、援助過程にマイナスになることはあってもプラスになることはない。したがって、たとえ終結事例であっても、同意を求めるときには、援助者として重い葛藤を感じずにはいられないはずである。

終結して何年もたち、過去にクライエントであった人が、今では心理的援助を受けていたことさえ忘れて生活しているかもしれない。そのような状況にあると想定しうる人に、過去の援助過程について発表の同意を得に行くことに罪悪感を覚えないだろうか。

しかも、もし同意が得られたとしても、それが、匿名氏の指摘するように、実質的には権力関係からくる強制であるとしたら、この

ことに倫理的問題はないのだろうか。事例を公表することの倫理的問題だけではなく、援助者でなく研究者として同意を求めることがクライエントに与える苦痛についても、考える必要があるだろう。

終結時に同意を得ておくという方法もとられているが、このことは臨床的に見れば、それまで築かれてきた援助者との信頼関係を帳消しにするぐらいの作用をもちうると思われる。クライエントは、「援助者は自分を研究の対象として見ていたのだ」「やさしく共感してくれたのも、すべて研究のためだったのだ」と、裏切られたような気分になるかもしれない。逆に、援助者から発表の同意を求められたことで、自分は特別なクライエントであるといった自己愛的満足と誇大な自己イメージをふくらませ、状態が悪化するような場合もありうる。とくに、援助者が高名な臨床家である場合に、このことは生じやすいだろう。

たとえクライエントが了承してくれたとしても、二人の関係への信頼のなかで語られた内面世界を公表することに対して、援助者は罪悪感をもたずにはいられないと思われる。このように、詳細な事例報告では同意を得ることが必要であるが、臨床的に見れば、さまざまな問題を含んでいることがわかる。

また、実際問題として、いわゆる成功事例においては比較的了承が得られやすいであろうが、失敗事例、中断事例ではクライエントとの人間関係が途切れていることが多いため、了承を求めることじたいがためらわれる。さらに、児童虐待の事例などでは、親から了承を得ることは至難である。

次に、事例が報告される対象と場が問題になる。村瀬〔2001〕は、原則的にクライエントの同意は必要であり、その事例研究を開示される対象者が守秘義務を負う人々であることから次第に離れ、治療の場から遠ざかり、開示の範囲が広がるにつれてクライエントの同意はより求められると述べている。

大学院のケースカンファレンスで事例を発表する場合には、プライバシーの保護に最大限の注意を払い、教育・研究機関でもある相談機関としてそのようなことがありうることについて、初回面接の際にあらかじめ合意を得ておくのがよいと思う。実際には、臨床家

としての訓練を考えるとき、守秘義務が守られる専門家から成る発表の場が保証されねばならない。従来、事例研究として推奨されてきたような一事例の詳細な援助経過の報告は、そのような守秘義務が守られる場に、できるだけ限定したほうがいいのではないだろうか。

近年においては、クライエントに事例報告を読んでもらい意見交換したものが、事例研究のありかたの試みとして報告されている。しかし、クライエントは援助を必要とする人であるのに、共同研究者にすることで、役割に混乱が生じると思われる。このことはまた、援助過程に本来は無関係な要素が入りこむことを意味し、援助者としてクライエントに余分な負担をかけることになる。また、研究者としての責任もあいまいになると思われる。文章を発表するとき、研究者としてその責任を自らが負うのは当然のことである。

クライエントに記述内容の許可まで得ることになれば、匿名氏（巳）〔2000〕が述べているように、奇麗事が多くなり、「患者、家族に対しても、治療者自身に対しても、甘い報告しかかけないことは確実である」。これは、本来の研究の目的からはかけ離れており、矛盾に陥ることになる。

ところで、法的にはどのように考えられるだろうか。

中川〔2006〕は弁護士の立場から、事例を掲載する媒体や目的など大枠について話したうえで、事前に同意をもらえばよいのであって、書いた個々の内容について意見を言われると、逆に検閲のようなことになり、行き過ぎであると述べている。また、同意がとれないような場合でも、事例の掲載じたいに学術的・社会的意義があり、かつ本人が特定されない配慮がされているなら、意義や正当性を認めねばならないという。

今後の事例研究のあり方

山本〔2001〕は「臨床の事例研究とは、臨床現場で生起する具体的

事象を、何らかの範疇との関連において、構造化された視点から記述し、全体的に、あるいは焦点化して検討を行い、何らかの新しいアイデアを抽出するアプローチである」と定義し、事例の検討法の二つの方向性を規定した。すなわち、「一つの事例の全体像の本質を詳細に厚く記述（thick description）する」方向と、「事例のもつ特定の側面に焦点をあわせて、研究に不可欠な『重要な事実』（material facts）のみに限定して検討する」方向である。たとえば面接の全過程を詳述するのは「全体的な検討」に該当し、面接上のエピソードや出来事を抽出して検討するのは「焦点化された検討」に該当する。

「全体的な検討」は、守秘義務を守る専門家のみからなる研修会・学会などにできるだけ限定し、公共性が高まるにつれて「焦点化された検討」をおこなうのがよいと思われる。著者の主張にそって、援助経過のなかからある部分のみを切り取ってとりあげるとか、理論的考察のなかで、それを実証するような事例のある部分のみを描写するなど、抽象性を高める方法がよいだろう。このように、ある特徴を抽出した一般的な記述を心がけることによって、クライエント本人が特定される危険を減らすことができる。

詳細な事例報告を書くときには、プライバシー保護のために、家族関係や生育史などに変更を加えることがよくあるが、村瀬〔2001〕は「事柄によってはあまり改変すると、その事例の持つ特性から学ぶべき点までもが、曖昧になってしまいかねない」と指摘している。もし、事例の詳細な事実を記述することを重要とみなすなら、このように事実を改変しなければならない事態とは相容れないのではないだろうか。一般化・抽象化することは、個々の具体的な事実を記述する必要性を減じ、この矛盾を解消すると思われる。

具体的な事実に基づいて考えることは重要であるが、それを「抽象化」する作業が、個から普遍へと至るために必要である。普遍へと至るためには、個の「具体的記述」のみではなく、別の視点が必要だからである。研究のありかたとして、理論を事実によって裏づけたり、事実に基づいて理論を構築するという、事実と理論の照合作業が不可欠と思われる。理論が単なる思弁に陥らないために、また、臨床の実際に役立つためには、実証的な態度が必要である。

事例研究において、もともとは事例との関わりから得られた知見であっても、論文として書くときには、その知見を証明する資料として事例を記述するのが妥当と思われる。そうすれば、記述される事例の内容はその観点にそった短いものになるはずである。

　山本〔2001〕が述べるように、「統計的な一般化」ではなく「理論への一般化」をおこなうのであり、理論モデル化をめざす事例研究では、典型的な単一事例や少数事例を通して抽出された仮説を、「他の研究結果や実験例と照らし合わせてくり返し検証、ないしは修正していくほうがオリジナルな着想が得られる」。

　以上述べてきたように、詳細な「事例報告」と「事例検討」は、心理臨床家としての訓練に必要であり、秘密が保持される訓練・研修の場にできるだけ限定すべきであるというのが、私の主張である。一方、広く公表される「事例研究」のあり方としては、事例に基づいてはいるが、新たな視点からまとめた普遍性の高いものが望ましいと思われる。

　この方法だと、クライエントのプライバシーも守られることになり、援助者としての立場と研究者としての立場で葛藤を感じることも少なくなる。今までは、事例そのものに則して記述する訓練ばかりに重点がおかれてきた。事例研究が「単なる業務報告にすぎない」とか、「考察が主観的すぎる」という批判が生まれたのも、一事例ばかりを見て記述することに比重が傾きすぎたことに要因があったと思われる。そこには"普遍性"と"客観性"への志向が欠けていた。

　私自身、さまざまな新しい事例に取り組むとき、あるいは臨床実践で困難を感じたときに、経験のある臨床家の著書や論文を読んできたが、実際に役立ったのは一事例の詳細な報告ではなく、事例に基づきながらも一般化された主張と新しい発見のあるものであった。それらを読むことで、事例への理解を深め、援助の指針を得ることができた。

　星野〔1970〕は事例研究の目的として以下の七つをあげている。

① 特異例：極めて特殊な事例の診断・治療例
② 新しい技法：重要な技法の実践例
③ 見解の例示
④ 現行学説への挑戦：通説となっている考え方に対して、一例であっても示して、批判し修正を求める。
⑤ 仮説と理論の検証と確認
⑥ データの蓄積：将来の研究の材料とするために、個々の事例をまとめて蓄積していく。
⑦ 集団やコミュニティ研究のための事例調査：詳しい事例を多く集めることによって、多数の人々からなる集団または住民の一般的傾向を発見し記述する。

　これらを見れば明らかなように、事例そのものの研究に意義があるのは、特異例とデータの蓄積のみであり、それ以外の研究は「事例を通じて」新しい見解や技法を示したり、仮説と理論の検証と確認、あるいは現行学説への挑戦を行うものである。すでに多くの事例が報告されているのに、さらに一事例を加えるならば、その「事例を通じて」何らかの新しい主張がなければならない。

　一人の新しいクライエントだから新しい事例研究なのだといえば、事例研究はきわめて安易なものになってしまう。そうならないように、また、臨床心理学の研究への評価を高めるためには、「事例を通じて」新しい見解を示す訓練が、今後は必要と思われる。

　基本的に事例から学ぶ姿勢は大切である。臨床家が援助経過を記録し何度も読み返して考えたり、スーパーヴァイザーから指導を受けたり、事例報告をまとめて検討することは、臨床家自身の成長にとっても、クライエントの利益のためにも重要である。しかし、"普遍性"と"客観性"に欠けた事例報告は、他の多くの臨床家の実践に役立つことも、広くクライエントの利益に還元することも難しいと思われる。研究の目的は、心理臨床の実践における有益性と、クライエントにとっての利益であることを忘れてはならない。

　E.H. カー〔1961〕は『歴史とは何か』において、歴史は特殊的なものと一般的なものとの関係を問題にするが、一般化を否認して特殊的なものだけを取り扱うのは歴史から学ぶことを否認する人であ

ると述べている。つまり歴史から何かを学ぶためには、一般化の作業が必要なのである。このことは、事例研究にも当てはまるのではないだろうか。

文　献

Carr, E.H. 〔1961〕 *What is history?*. Macmillan. 清水幾太郎訳〔1962〕『歴史とは何か』岩波新書。
星野命〔1970〕「事例研究の意義と諸問題」片口安史・星野命・岡部祥平編『ロールシャッハ法による事例研究』誠信書房、223-233。
河合隼雄〔2001〕「事例研究の意義」『臨床心理学』1(1)、4-9。
巳（匿名）〔2000〕「症例報告に際して患者の許可を得ることについて」『精神療法』26(3)、316。
村瀬嘉代子〔2001〕「事例研究の倫理と責任」『臨床心理学』1(1)、10-16。
中川利彦〔2006〕「座談会：本誌で事例をどのように扱うか、配慮すべきことは何か」『そだちと臨床』129-138。
中井久夫〔2000〕『分裂病の回復と養生』星和書店。
中井久夫〔2005〕パーソナルコミュニケーション。
中村雄二郎〔1992〕『臨床の知とは何か』岩波書店。
小此木啓吾〔1986〕「シンポジウム：事例研究とは何か」『心理臨床学研究』3(2)、26-27。
下山晴彦〔2000〕『心理臨床の発想と実践』岩波書店。
鑪幹八郎・名島潤慈〔1991〕「事例研究法」河合隼雄・福島章・村瀬孝雄編『臨床心理学体系1』金子書房、272-288。
鑪幹八郎〔2001〕「臨床的リアリティをどう伝えるか」山本力・鶴田和美編著『心理臨床家のための「事例研究」の進め方』北大路書房、128-140。
山本力〔2001〕「研究法としての事例研究」山本力・鶴田和美編著『心理臨床家のための「事例研究」の進め方』北大路書房、14-29。
山中康裕〔2001〕「事例検討と事例研究」『臨床心理学』1(1)、17-20。

##　あとがき

　心理的援助に携わる人にとって、ファーストステップ（歩き始め）はとても大切なように思える。私が臨床経験を重ねる中でそのつど考えてきたことを、ようやくファーストステップとしてまとめることができたことをうれしく感じている。
　今まで臨床や教育に携わる中で違和感をもったことを基点にして考えてきたが、これからも素朴な違和感を大切にしていきたいと思う。

＊＊＊＊＊＊　　＊＊＊＊＊＊　　＊＊＊＊＊＊

　中井久夫先生には、大震災後のたいへんな時期にもかかわらず、暖かい序文をいただきました。深く感謝申し上げます。
　私がまだ大学院生だったころに、事例報告へのコメントを中井先生に書いていただいたことがありましたが、そのさいも、とても暖かい励ましをいただきました。それ以来、私の拙い論文や著書をお送りするたびに、先生はすぐさまご親切に励ましとご指導のお手紙を下さいました。直接の師弟関係にない私に、このように寛容にご指導下さいましたことに対して、心からお礼申し上げます。
　最後に、この本を作るにあたって、創元社の津田敏之氏にはひとかたならぬお世話になりました。記して感謝申し上げます。

この本の装画には、ゴッホがミレーの版画を模写して油彩した「ファーストステップス」を使わせていただきました。ゴッホはこのような模写を、翻訳であり解釈であると述べています。この絵は模写でありながら、ゴッホ自身の作品になっていることがわかると思います。

2011年5月

李　　敏　子

初出一覧

序　章　書き下ろし

第1章　「初回面接——何を聴き、何を伝えるか」
　　　　——『椙山臨床心理研究』8号, 2008年。

第2章　「心理療法の枠組みについて」
　　　　——『椙山臨床心理研究』3号, 2003年。

第3章　「遊戯療法の基本について」
　　　　——『椙山臨床心理研究』5号, 2005年。

第4章　「親面接について」
　　　　——『椙山臨床心理研究』4号, 2004年。

第5章　「問題行動を示す子どもへの理解と援助」
　　　　——『椙山人間学研究』4号, 2009年。

第6章　「思春期のクライエントへの対応の工夫について」
　　　　——『椙山臨床心理研究』9号, 2009年。

第7章　「不登校児への理解と援助」
　　　　——『椙山女学園総合クリエイティブセンター研究論集「創」』7号, 2005年。

第8章　「社会性の発達から見た不登校」
　　　　——『椙山臨床心理研究』7号, 2007年。

第9章　「『事例研究』の再検討」
　　　　——『椙山臨床心理研究』2号, 2002年。

いずれも大幅に加筆修正した。

著者略歴

李　敏子　（り・みんじゃ）

1959 年、大阪府に生まれる。
京都大学薬学部および教育学部卒業。
京都大学大学院教育学研究科博士課程単位取得満期退学。
京都大学博士（教育学）。臨床心理士。
現在、椙山女学園大学人間関係学部・人間関係学研究科教授。

主な著書
『心理療法における言葉と身体』〔ミネルヴァ書房, 1997 年〕、『意味の臨床』〔新曜社, 2002 年〕、『転移／逆転移』共著〔人文書院, 1997 年〕、『共感と解釈』共著〔人文書院, 1999 年〕、『スクールカウンセリングと発達支援』共著〔ナカニシヤ出版, 2008 年〕。

主な訳書
サミュエルズ編『こころの病理学』共訳〔培風館, 1991 年〕、フォーダム編『ユング派の分析技法』共訳〔培風館, 1992 年〕、ユング『子どもの夢』共訳〔人文書院, 1992 年〕、フォン・フランツ他『臨死の深層心理』共訳〔人文書院, 1994 年〕、マクドゥーガル『身体という劇場』共訳〔創元社, 1996 年〕、グッゲンビュール＝クレイグ『老愚者考』共訳〔新曜社, 2007 年〕。

ファーストステップ心理的援助
──子どものプレイセラピーから思春期の面接まで

2011年7月20日　第1版第1刷発行

著　者………李　　敏　子
発行者………矢　部　敬　一
発行所………株式会社　創　元　社
https://www.sogensha.co.jp/
本社　〒541-0047 大阪市中央区淡路町4-3-6
Tel.06-6231-9010　Fax.06-6233-3111
東京支店　〒162-0825 東京都新宿区神楽坂4-3 煉瓦塔ビル
Tel.03-3269-1051
印刷所………株式会社　太洋社

©2011, Printed in Japan
ISBN978-4-422-11311-1 C3011

〈検印廃止〉落丁・乱丁のときはお取り替えいたします。

|JCOPY|〈(社)出版者著作権管理機構 委託出版物〉
本書の無断複写は著作権法上での例外を除き禁じられています。複写される場合は、そのつど事前に、(社)出版者著作権管理機構（電話 03-3513-6969、FAX 03-3513-6979、e-mail: info@jcopy.or.jp）の許諾を得てください。

臨床心理士の基礎研修
──ファーストステップ・ガイダンス──

村瀬嘉代子・鑪幹八郎・馬場禮子・塩谷亨
山下一夫・向笠章子・藤原勝紀
北島正人・吉良安之・黒田浩司・後藤智子・財満義輝
佐藤静・竹村洋子・濱野清志・平野学・藤見千雅子
〔著〕

生涯つづく研鑽につながる必修レクチャー
そもそもカウンセリングとは？　心の援助の「根」──
どのような場面にも共通する　心の援助の「幹」──
さまざまな職域へと伸びる　心の援助の「枝」──
あらゆる道へと開かれた　はじまりの一歩

A5判並製　218頁　2,000円＋税

表示の価格に消費税は含まれておりません。